法学实验教学系列教程

总主编：肖永平　冯果

民事法律实训教程

张素华　编著

WUHAN UNIVERSITY PRESS
武汉大学出版社

图书在版编目(CIP)数据

民事法律实训教程/张素华编著.—武汉:武汉大学出版社,2010.9
法学实验教学系列教程/肖永平　冯果
ISBN 978-7-307-07837-6

Ⅰ.民…　Ⅱ.张…　Ⅲ.民法—中国—高等学校—教材　Ⅳ.D923

中国版本图书馆 CIP 数据核字(2010)第 102425 号

责任编辑:钱　静　　责任校对:刘　欣　　版式设计:马　佳

出版发行:武汉大学出版社　(430072　武昌　珞珈山)
(电子邮件:cbs22@whu.edu.cn　网址:www.wdp.com.cn)
印刷:湖北民政印刷厂
开本:720×1000　1/16　印张:12　字数:214 千字　插页:1
版次:2010 年 9 月第 1 版　2010 年 9 月第 1 次印刷
ISBN 978-7-307-07837-6/D·1016　定价:22.00 元

目　录

第一编　民事法律实训基础

第二编　教学实验

第一编

民事法律实训基础

第一章　民事法律实训概述

第一节　民事法律实训的含义与特征

一、民事法律实训的含义

民法是市场经济基本规则的法律表述，民法来源于实践，服务于实践，只有在实践中才能实现和体现法的价值。实训课程对于理论联系实践显得尤为重要。民事法律实训对于掌握和理解法律原理，对于法律的运用显得格外关键。要弄明白民事法律实训的内涵，首先必须明确民事关系的内涵。民事关系是指平等主体之间所发生的财产关系和人身关系。平等是与不平等相对应的，所谓平等是指主体之间人格独立、意志自由，任何一方都不隶属于另一方，自由交易，公平竞争。不管是经济生活还是社会生活，都离不开民法规范。我们每个人都置身于民法的环境中。民事法律实训就是以社会实际生活作为训练的背景，每个人都以法律人的身份参与其中，运用法律知识进行分析判断和处理，从而服务于社会的法律活动过程。民事法律实训课程通过模拟社会实际工作中的各种民商事活动，在社会与课堂之间，在理论与实践之间架起一座沟通的桥梁，通过民事法律实训课程的训练，提高学生的理论运用能力。

二、民事法律实训课程的特征

民事法律实训课程具有以下特征：

第一，民事法律实训课程具有仿真性。民事法律实训课程的素材来源于日常生活中经常发生的案例或者实际上已经发生的案例。具有高度的仿真性。

第二，民事法律实训课程具有法律综合运用性。民事法律实训课程的实验材料尽管以民事案例为主，但在具体教学过程中可能会涉及其他部门法的知识，尤其是有关诉讼法以及经济法等内容。

第三，民事法律实训课程具有实践性。民事法律实训课程就是要将相关法学理论运用到具体的民事活动中去，从理论到实践的运用要求学生在实验中既要熟练掌握理论知识，又要熟悉民事法律实务的运作过程和操作技巧。

第四，民事法律实训课程具有针对性。我们所设计的每一个实验项目都以一个知识点为核心，比如担保权的实现、表见代理的认定等，所以具有极强的针对性。

第五，民事法律实训课程具有不同从业岗位的针对性。民事法律实训是让学生在学校实验室中模拟社会不同的民事法律工作岗位上的（包括政府相关部门、事业单位、公司企业、公检法部门和律师事务所的法律实务岗位）特定环境，培养和训练处理不同行业、不同领域特定民事法律实务的能力。

第二节　民事法律实训内容的分类

民事法律实训的内容涉及问题广泛，既有诉讼业务也有非诉业务，既涉及经济活动，也涵盖日常生活。一般来说，民事法律实训内容按照不同的标准可以作如下不同的划分：

第一，按照民事法律实训所涉案件的性质可以分为：各类合同纠纷、担保责任纠纷、债务转让纠纷、确权纠纷、知识产权纠纷、侵权纠纷、婚姻家庭纠纷、继承权纠纷、其他民事诉讼法律实务九种。

第二，按照民事法律实训诉讼流程可以分为：接受当事人委托，办理授权和委托手续；进行案件证据分析、证据调查；选定诉讼方案和确定操作流程；撰写起诉状、答辩状、反诉状、上诉状、财产保全申请书、强制执行申请书、先予执行申请书等相关法律文件；制作证据索引和目录，拟定法庭辩论提纲、撰写代理词；办理财产保全、先予执行等手续；参加开庭、代理法庭调查、法庭辩论和法庭调解；参加法院执行案件中的相关事务的代理业务；其他须有代理人参与的事项。

第三，按照民事法律实训所涉岗位的不同，可以分为：律师法律实训、法官法律实训、检察官法律实训、公司法务法律实训、政府机构法务法律实训、医疗单位法务法律实训、科研机构法务法律实训、志愿者法律实训、其他岗位法律实训。

第二章　民事法律实训课程的要求与目标

第一节　民事法律实训课程的要求

民事法律实训课程是法学教学中不可或缺的一个环节，是学生走向社会、服务社会所必需的一个训练过程。通过实训课程的学习，可以领悟法律在实践中的作用原理与价值，培养一个法律人所必须具备的基本素养。学生在进入民事法律实训课程的学习之前必须做到以下几点：

一、心怀民众、心系市场、心存逻辑

民法是权利法，是人法，是以保障权利为终极关怀的法。权利是私法的核心和中心环节。因此，在学习和研究民法时，要围绕民众的权利构建和权利保护，只有这样，才能得到民众的支持，才能彰显民法的权利本位与特质，最终焕发出民法的生命力，满足社会的需要，促进社会的发展。因此研习民法必须心怀民众。同时，经济基础决定上层建筑，法律的发展是由经济基础决定的。学习和研究民法，就要了解市场的运作规律，根据我国发展市场经济的需求，与时俱进，发展和构建市场经济所需要的法律秩序。法律尤其是民法是以服务于市场经济的发展为终极目标的。尽管法律的生命并不在于逻辑，而在于经验，但作为大陆法系的一个成员，大陆法系大前提、小前提、结论这种三段论的逻辑思维模式以及以请求权为基础的分析方法依然是研判和解决法律问题的途径。因此心存逻辑是法律实训课程所必不可少的。

二、对不同岗位的要求有明确的认知

民事法律实训课程在实验过程中，我们让实验人员按照实验材料分担若干角色。因此，要求实验人员必须对民事法律实训所可能涉及的岗位要求有明确的认知，这既是保证实验顺利完成的前提，也是法律实训的目标之一。让学生在踏入社会之后对自己所担任的角色有一个预演的过程，为日后的工作打下基

础，为顺利进入角色提供有益的借鉴。举例来说，政府机构的法务与公司法务存在很大的区别，在政府机构担任法务工作所要具备的素养与公司中担任法务工作须具备的技能完全不同。政府机构所设的政策法规处、法务处在制定相关条例，出台相关政策的时候，需要考虑的是社会公共利益的协调与平衡，各方利益都需要考虑周全。而作为公司法务工作者则必须服务于公司，为公司利益最大化设计方案。而作为一名律师，所要具备的能力就更具有综合性。在一个民主和法制国家，律师是不可或缺的。律师执业活动渗透到我们生活的方方面面。律师不仅要和当事人打交道，还要和法官、仲裁员、检察官接触，如何把握交往的分寸，这是一门艺术，也是一门学问。随着经济形势的发展，律师也正在由纯粹的办案型律师向知识型律师和学者型律师转变。社会对律师的要求也越来越高。

三、必须熟练掌握法律基础知识，养成细心观察的习惯

法律是相对稳定的，而社会生活却在不断变化，如何才能以不变应万变，这就要求具备扎实的法律功底，而法律功底的造就取决于法律基础知识是否深厚，只有基本功深厚，才能具备不断自我学习、自我完善的潜力。所以在开始民事法律实训课程之前，要求每一个实验员都要认真学习和巩固法律基础知识。

法律工作是个细致活。有时一字之差往往关系到官司的胜败。因此要求我们对于每一件事物、每一个环节、每一种现象、每一段时间和每一项工作都养成细心观察的良好习惯。作为一个法律工作者，要细心观察参与案件的每一个人，包括不同人的思维模式、不同的看法、不同的策略、不同的评价、不同的心理活动、不同的行为模式，从中找到切入点，并从中吸取一切有用的东西为我所用。尤其是思维模式和行动策略，应当把每一个行之有效的方针策略都作一个详细的记载，以后遇到类似案件就可以作为锦囊妙计予以采用，从而起到事半功倍的效果。

四、必须具有敢于克服困难、不畏艰苦、迎难而上的精神

法律工作是一项艰苦的事业，不是纸上谈兵就可以完成的，往往需要付出艰苦的脑力与体力劳动。诉讼方向的选择、诉讼思路的确定，不是一蹴而就的，往往需要权衡多方利弊，从证据的多寡到理由是否充分，从法律依据的充实到办案习惯的了解，需要从多个角度进行思维以后才能最终选择一个最佳方案。比如对于一个在合同履行过程中造成的人身财产损失纠纷，到底是以侵权为由提出诉讼，还是提起违约之诉，这需要认真思考。制定有效的、高水平且可实际操作的代理方案成为能否胜诉的关键。具体方案确定以后，还需要积极地执行，包括相关证据或者资料的调查，这都是需要付出艰苦努力的。有些证据的调取可能不是一次两次就能成功的，往往需要多费周折才能获取，甚至遭遇到各种不利因素的影响，这就需要不畏艰苦、敢于克服困难的精神。同时还要有迎难而上的勇气。所以作为一名优秀的法律工作者，具有灵活敏捷的思维、充满智慧的头脑还不够，还必须有吃苦耐劳的精神品质。

第二节　民事法律实训课程的目标

一个成功的法律人除了要具备扎实的理论功底之外，还必须具备从事法律实务工作的基本素质和精神。只有这样才能将理论完美地运用于实践。社会生活是不断变化的，法律法规也是不断推陈出新的，一个法律工作者必须具备不断学习的能力才能适应社会的要求，除此之外，他还必须能够激扬文字、能言善辩，思维逻辑严密，要能一语中的，切中要害。民事法律实训课程的目标就在于培养一个法律人在法律王国里叱咤风云所必须具备的各种技能。

一、培养和提高民事法律实务基础技能①

首先需要锻炼在聆听中抓问题的技能。刚开始接触一个案件，一般来自于当事人的自我陈述，而当事人的陈述往往胡子眉毛一把抓，不分主次，而且有时还带着当事人的片面认识和主观想法。一个有经验的法律人应该能够在倾听中分析，去粗取精，能够迅速地辨清案件各方当事人相互之间的法律关系，能够基本清晰、完整地记住与案件相关的重要证据，能够在倾听中迅速捕捉到争议的焦点与核心问题，并初步形成处理问题的基本方案与措施。当你倾听当事人介绍案情时，当事人往往站在自己的立场上，带着自己的主观认识与看法，毫无章法、没有条理，把与案件有关或者无关的各类信息没有逻辑地和盘托出，有时在陈述时还会刻意隐瞒一些对自己不利的事实，这就要求你在倾听中要善于发掘这样的缺漏，以便随时予以提醒，并告知其如果某一点事实有出入的话，会对整个案件有致命的影响，同时也可以避免自己在日后的法律活动中处于被动的地位。

一个从事法务工作不久、经验不足的法律工作者往往在倾听当事人的叙述

① 参见黄勇主编：《商事法学实验教程》，北京大学出版社2008年版，第14～16页。

以后摸不着头脑，一头雾水，不知该如何下手。这是因为他尚缺乏倾听的技巧。一个专业的法律人在倾听中应该做到：

1. 迅速抓住案情的主线、抓住案件的关键；

2. 清楚地记住与案件有关的各个当事人，并能立即理清各个当事人之间建立起来的法律关系；

3. 准确地分析出有利于当事人的证据和不利于当事人的证据以及应当补充调查的证据，在脑海中形成证据链；

4. 在倾听中不断地通过分析，删除与案件无关的信息，保留与案件有关的有用信息；

5. 准确地判断出当事人的真正心理以及他们想要达到的基本目标；

6. 边听边思考，在已经获取的有用信息和基本法律关系上，制定出当事人下一步的应对方案。（但你在提出应对方案时一定要强调是在现有信息的基础上，不排除日后出现新的证据后，可能会对现有的方案有所改变。）

在法庭审理过程中，不管是法庭调查阶段还是在法庭辩论时，都需要具有边聆听边分析的技能。在法庭调查阶段中的听，主要是仔细听对方当事人的陈述，听审判人员的询问和被询问人的答复，听案件证人的证言，听案件鉴定人的陈述及其结论，以及听取案件其他诉讼参与人的陈述。在法庭调查阶段中的“听”重点要放在判断证据的真实性、有效性上，放在注意倾听其陈述内容与案件的相关性上，以及分析证据与案件的因果关系上。在倾听中分析自己的临场应变对策。除了听之外，一个有经验的律师还要学会在看中分析的能力。无论是接待当事人，还是法院开庭审理，都需要对当事人所提供的证据进行认真的辨认，以发现其中所存在的任何微小的瑕疵，而这可能成为决定诉讼成败的关键点。所以对于任何证据都要对其签章的真伪、内容的真实与否、来源渠道的合法性进行认真辨认。这就取决于你是否具备在辨别中综合分析的能力和快速反应的能力。

“说”的能力是一个律师综合素质的直接反映。不管是进行法律咨询，还是在庭审过程中，都需要律师具备“说”的能力。“说”可以分为以下几个层次：首先是能够条理清晰、逻辑顺畅地表达自己的想法，这是“说”的第一层次的要求。第二层次的要求是能够做到语言简练、语气坚定、冷静评述、直奔案情焦点、清晰地阐述出你的观点，在交谈中分析对方的想法，在辩论中判断对方的心理，实时根据交谈或者辩论的现况准确作出应对措施。第三层次就是除了上述要求之外，还能够运用一定的艺术手段，将艰深的法律原理用浅显易懂的甚至幽默风趣的语言予以表达。所以“说”最能展现一个律师的风采，也最能反映法律工作者敏捷的思维、清晰的逻辑、雄辩的口才、广博的知识、扎实的功底。

二、培养和提高请求权基础思维模式的实际运用能力

请求权基础的思维模式是民法理论与实务的一个重要思考工具。请求权基础将成为我们学习和分析实际案例的一个基本方法。工欲善其事，必先利其器。学习法律，尤其是学习作为“万法之法”的民法，必须掌握一套适合的方法。请求权基础正是学习民法的重要方法。所谓请求权基础，是指支持一方当事人向他方当事人有所主张的法律规范。任何一个法律纠纷的处理，都必须寻找一个请求权基础作为支撑。比如，双方对一个合同是否应该继续履行下去发生了分歧，那么我们到底是以解除合同为请求权基础，还是主张继续履行，甚至以合同无效作为救济的路径，不同请求权基础的选择决定了不同的诉讼请求、证据链条、责任方式以及归责原则的适用。请求权基础成为贯穿权利救济的主线，深刻入理的请求权基础分析法往往更能赢得裁判者的认可。

三、培养和提高合同法律业务能力

合同是市场经济的交易手段，随着市场经济的发展，它往往就表现为合同经济，我们每一个人在生活和工作中都会遇到合同，如何签订一份有保障的合同就需要做好合同法方面的知识储备，具备合同法律实务能力。

我们要具备合同法方面的知识体系，从合同的订立到合同的成立，从合同的生效到合同的履行，从合同的救济到责任的追究都需要形成一个知识体系。不管涉及哪个方面，都能够马上想到相关的知识点。

培养和提高审查合同的能力是民事法律实训课的主要目标。合同的条款是合同内容的依据，如何通过条款把当事人的权利义务恰如其分地表现出来需要在事先与当事人进行充分的沟通，了解当事人的意图，同时对该类交易的流程有一个充分的认识，因为每一个法律人不可能熟悉所有的交易，对服务对象所从事的行业有一个清晰的了解是提供良好法律服务的前提，同时还要对该行业的一些交易习惯有充分的认识和了解，以便在起草合同时充分利用。审查合同一般来说分为以下几个步骤。

首先，要对订立合同的主体有充分的了解。第一，要看这个主体是以自己的名义签订合同还是代理人身份，如果是以自己名义就需要看它是法人还是非法人，如果是法人就需要对其法人资格证明进行查验，如果是非法人组织，那就要看现行法律是否允许该类组织以自己名义签订合同，如果不允许，则需要

其提供具有法人资格组织的授权委托书，并需要将该授权委托书作为该合同的附件予以保存。比如合伙，虽然不具有法人资格，但《合伙企业法》允许其有自己的字号，同时也允许其以自己的名义签订合同；但比如项目部、工程部等组织则不具有法人资格，也不得以自己的名义对外签订合同，如果其要签订合同，也只能是在得到其开办者的授权以后。如果合同的签订人并不是以自己的名义签订合同而是以代理人的身份进行，就需要对代理人的授权手续进行严格的审查，如果疏漏审查，一旦被代理人对该合同予以否认，那么合同的后果就要由签订方承担，签订方如果缺乏履行能力，那么合同就存在无法履行的风险。所以在代理人代为签订合同的情形下，必须对相关的证明材料比如授权委托书、工作证明、公章等进行认真审核，必要时还应与被代理人进行核实，得到他的确认。第二，要对合同主体的经营范围有一个清晰的认识。尽管经营范围不再是对法人民事权利能力的限制，但对于特许经营或者限制经营的，还必须有业务归口管理部门的行政许可证书方可经营，否则合同主体就没有相应的经营资格，其经营行为也属于违法。第三，需要对合同对方当事人的基本情况有所了解，比如资产状况、生产情形、信誉等进行调查，其中比较简单的方法就是到合同对方当事人所在地走访一下。

其次，要对合同中所涉及的当事各方的权利义务进行全面的审核。因为当事各方的权利义务是合同的核心与重点，直接关系到合同当事人的切身利益，理应成为审核的重中之重。第一，要看合同中有关权利义务的条款是否全面，是否有重大遗漏。第二，要看合同中对权利的约定是否适当和是否能够满足当事人的交易需要，自己的权利有没有受到限制，是否得到有效保障，风险是否得到有效防范；对方当事人的义务是否清晰明确，权利是否过大，甚至对自己构成不利影响。合同是平等主体之间签订的，权利义务的约定应当对等，不得显失公平，即便在合同签订时利用自己的优势地位对自己的权利约定得天花乱坠，最终也会被撤销或者变更。第三，要看合同中有关权利义务的规定是否前后一致，约定有无冲突。第四，对于权利义务的约定，一定要对该交易所涉的交易习惯有所了解，利用交易习惯来促成合同的履行。

再次，合同审查的另一个重点就是责任的追究与纠纷的解决。责任对权利义务的履行具有内在的担保作用，所以责任在一定意义上是权利义务得以实现的后盾，责任约定明确，往往可以起到督促合同履行的作用。相反，责任约定不明，对方就存在逃避责任的侥幸心理，也可能因此引发违约行为。责任约定明确主要体现在责任的承担方式以及标准是否明确，哪些情形下构成违约，哪些情形下达到合同解除的条件，合同争议的处理方式是否明确、是否合理，是否对已方不利。

作为一个法律工作者，既要对别人的合同进行审查，同时也要具备起草合同的能力。合同的起草往往是合同业务综合素质的最好体现。因为一个条款齐备、风险控制到位、权利义务分配恰当的合同的起草，不仅要求律师具备扎实的合同理论功底，而且要具备丰富的合同订立技巧，合同的起草也需要良好的语言文字写作水平与周密严谨的思维习惯。在合同的起草过程中需要注意以下几个方面的问题。

1. 需要充分地与委托人进行沟通，以便准确理解当事人的意图，希望达到什么目标，力图避免什么情况的发生。只有信息越全面，才能知己知彼、百战不殆。

2. 要对所起草的合同类型有充分的了解，充分运用网络资源，尽可能搜索与之相关的合同范本，通过阅读合同范本，吸取其中的有益成分，同时也要汲取其中的教训，哪些是因为事先没有约定或者约定不完善而引发纠纷并对自己构成不利的，哪些是必须在合同中予以强调的。

3. 合同起草最重要的是合同条款的草拟。合同条款直接反映着当事人之间的权利义务关系。所以合同条款从顺序安排到遣词造句都必须仔细斟酌，合同的用语一定要准确清晰，尽量避免使用那些容易引起歧义的文字，也不要用模棱两可的文字。

4. 在合同起草中，要巧妙运用附加条件来控制合同的成立与生效。比如甲乙双方合作进行房屋开发，甲方对乙方是否能够办妥相关证照没有把握，此时就可以将乙方办妥建房证照作为合同生效的条件，如果乙方顺利完成，合同生效履行，如果不能提交相关文件，合同就不生效，这样可以减少不必要的纠纷。另外，也要学会巧妙运用解除条件来保护自己的权利，在合同中明确约定当出现何种情况时，一方享有解除合同的权利，这就可以避免法定解除中要求证明对方根本违约的困难。

5. 在合同起草中要注意风险的防范。事先预测合同履行中可能发生的风险与争议，在合同中设定风险防范的办法、责任界定的标准和责任承担的方式，争议解决的途径，损失赔偿的计算标准，通过充分合理的预测做到事先预防，避免日后在救济中发生争议。同时，明确的后果也具有督促当事人履行合同的功效。

四、培养和提高文书写作能力

法律实务中有许多工作最终都体现为法律文书，比如诉讼业务中有起诉状、答辩状、管辖异议、上诉状、诉前财产保全申请以及诉讼财产保全申请、代理词等；非诉讼业务中有法律意见书、股东会决议、公司章程等。文书写作是法律实务中一项非常关键和基本的能力要求。如何培养文书写作的能力将成为本实训课的主要目标之一。一般来说，文书写作的能力主要体现在以下几个方面。

首先，对每一类文书的格式要非常熟悉，从诉讼法律文书到非诉法律文书都要烂熟于心，信手拈来。比如起诉状和上诉状的基本模式、各类申请书的基本要求，法律意见书的格式与要求、股东大会决议的基本模板等。其次，对于每一类法律文书的基本内容要很熟悉。比如起诉状就要针对诉讼请求摆事实讲理由；上诉状则主要针对判决中是否存在事实认定错误、法律适用错误这样两个问题来撰写；法律意见书不能有过于明确的倾向，而应该保持中立，就案论法。最后，法律文书写作最能体现一个法律工作者的文字功夫。如何让你的法律文书言简意赅、层次分明、逻辑清晰，用语准确不发生歧义，这恐怕就需要在法律实训课程中进行磨练。

五、培养和提高民事诉讼中证据调查、举证以及质证的能力

证据在诉讼中是最具有发言权的。一个诉讼的成败往往取决于证据的多寡以及证据的证明力。证据的获得除了当事人提供之外，还需要由律师调查取证。在调查取证中需要培养以下几个方面的能力。

首先，在倾听完当事人的陈述以后，根据当事人的陈述厘清法律关系，再根据当事人的请求列举出需要哪些证据。当事人所提供的现存证据对于当事人的请求来说是否具有足够的支撑力。哪些证据足以证明当事人的请求，哪些证据的证明力还有待提高，必须与相关证据予以配合才能起到证明的作用，应一一作出分类和列举；将当事人所提供的一些他们以为可以作为证据使用却在法律上不具有证明力的证据予以排除；在需要补充证据的地方需要与当事人进一步沟通，以确定从何处入手获取相关证据。

其次，在明确哪些证据需要重新收集以后，根据证据获得的可能性的大小，决定是由当事人自己取证还是委托取证。那些对案件审理至关重要，但我们或者当事人自行取证确实存在一定障碍的证据，可以申请人民法院调查，在申请书中说明调查的必要性和调查的线索、对象、目的和要求。对于自行调查取证的部分，要与当事人进行一个合理的分工，那些由当事人自行收集更为方便或者容易取得的证据，由当事人自己调查。而对那些当事人需要协助的比如调查笔录的撰写等，就要由律师来代为进行。对需要我们进行调查的证据分门

别类，统筹安排调查的进度与时间。对那些不及时收集就有可能毁损灭失的证据要及时采取措施，以防错失良机。同时在收集证据时也应该全面和细心，应当对涉及案情的所有能够收集到的需核实的证据都予以收集。收集和核实证据必须深入，要搞清证据的每一个细节和疑点，并细致地加以研究，发现线索一追到底，并在收集与核实证据中判断问题的来龙去脉和案件的争议焦点。尽管证据对于诉讼的成败至关重要，但作为一个法律工作者必须依法收集证据，收集证据的手段应合法，不得违规收集证据，更不得伪造证据。证据的收集是一个非常艰苦的工作，尤其是在遇到有关当事人不配合的情况下，就更需要讲究技巧。在取证中对于当事人提供的证据也要仔细辨别其真伪，因为当事人往往会站在自己的利益立场上，隐瞒真实证据或者提供虚假证据，一定要从证据的关联性、一致性以及内在联系上进行考证，不能轻信当事人的一面之词，以免在法庭中出现尴尬的局面。同时也不能因为怕麻烦而不愿调查取证。

证据的收集是诉讼的第一步，如何保证所收集的证据能够在诉讼中发挥应有的功能，需要提高举证和质证的能力。首先，一定要熟悉举证规则。其次，需要制定一份高质量的证据索引。这份证据索引不仅要外表直观，而且要内容充实，更重要地是要有逻辑，哪些先举，哪些后举，要形成一个有效的证据链，从证据的逻辑性来证明其合理性，从而有助于法官接受并采信你的证据。要明确说明每一个证据的内容、证据的来源以及证明的对象。再次，质证也是一个非常重要的环节。对对方当事人所提供的每一份证据都要从证据的真实性、关联性、证据的合法性作出评价，对证据存在的疑点以及自相矛盾的地方一定要明确地提出来，以引起法官的注意。在质证时一定要非常仔细，对证据的名称、落款的时间以及签章都要仔细核对，不放过任何蛛丝马迹。质证时免不了要向对方提出问题，一个有经验的律师往往通过一个有准备的发问（尤其要针对那些对方当事人容易犯错，或者本身难以自圆其说和牵强的地方从不同角度进行提问）发现其回答的破绽，指出其错误所在，并提请法官注意。最后，在质证时一定要思路清晰，以明白表达代理方的意见。

第三章　民事法律实训课程概述

第一节　民事法律实训课程教学大纲

课程英文全称：The Practice of Civil Law

课程类别：必修

课程学分数：4

课程学时数：72

实验学时数：72

授课对象：本科

一、实验教学目的与基本要求

目的：民法是市场经济的根本大法，民法与我们的经济活动、日常生活息息相关。民法的这一特点决定了其是一门实践性极强的学科。民法理论只有在实践中才能彰显其价值，也只有实践才是检验理论的唯一标准。民法教学既要注重理论的传授，也要注意实践能力的培养。因此，实验教学是民法教学中不可或缺的重要环节。通过实验教学，希望学生能够掌握请求权的思维方式，培养通过法律关系模式分析问题、解决问题的能力，达到学以致用的效果。

要求：1. 深刻领悟民法基本原则的含义以及运用；

2. 掌握案例分析的基本方法和处理民事纠纷的基本技能；

3. 了解我国民法的渊源即法律、法规以及司法解释等的具体规定与适用。

二、实验教学基本内容

（一）民法的调整对象

（二）表见代理的认定

（三）债务移转中的法律问题
（四）知识产权纠纷
（五）担保法律问题
（六）买卖合同纠纷的处理
（七）合同的解除
（八）连带保证与一般保证
（九）物权的变动
（十）共同侵权的认定
（十一）电磁辐射侵权
（十二）未成年人侵权的民事责任
（十三）安全保障义务的责任构成
（十四）人身损害赔偿的赔偿范围与计算标准
（十五）夫妻共同财产的范围及处分
（十六）无效婚姻的处理
（十七）合伙的法律问题
（十八）民事诉讼程序
（十九）法律文书的制作。

第二节　民事法律实训课程教学方法

民事法律实训课程是民事法律教学的一个有益补充，是理论运用于实践的一个平台。如果课堂教学是以老师讲授为主的话，民事法律实训课程则是以学生（实验员）为主体，老师主要是引导、指导和组织，将在课堂上学到的知识转化为服务社会的技能与素质。本课程的实验教学方法主要包括以下几个方面：

一、案例分析

由老师提供典型案例材料，实验员按照所持意见分成若干小组，各抒己见，充分挖掘每一个案件中所涉及的法律问题，培养学生逻辑严密的思维习惯，同时锻炼其口头表达能力，训练请求权思维模式，为后期实验的推进打下基础。老师针对讨论情况，进行点评。案例分析方法不仅是进行实验教学的敲门砖，也是巩固实验成果的手段，同时案例分析也将成为学生成绩评定的依据之一。

二、法院旁听

与相关法院事先联系沟通，确定一到两个有代表性的典型民事案件，先把案情介绍给学生，然后组织学生到法院进行旁听。旁听的目的主要是要学生了解庭审程序以及过程，为以后的模拟法庭的组织做好基础工作。

三、模拟法庭

我们将选择三到五个有代表性的真实案例，让每一个实验员都有机会参与其中的角色。完全按照诉讼程序从接受当事人委托到法院立案再到开庭审理，从判决到执行一套完整的程序，力争让同学们对司法程序了如指掌。

四、法律援助

我们将与武汉大学社会弱者权利保护中心建立合作关系，将实验员安排到弱者权利保护中心值班，争取让每一个学员都有一次在老师指导下完成法律援助的机会。

五、社区服务

每一个学期安排一次法律服务进社区的活动，为居民提供法律咨询。

六、实习

我们将把民事法律实训课程与学生的实习要求相结合，通过实习来检验民事法律实训的效果。

第三节　民事法律实训课程的考核办法

实验教学中心建立了多元化的实验考核办法，对不同课程和不同的实验类型采用不同的考核方法，同时也可针对学生不同的学习阶段采取不同的实验考核形式。主要考核方式如下：

一、模拟庭审的考核内容为：案件的审理程序和该案的相关文书的制作。成绩评定方法为：庭审程序和文书制作占50%，参与庭审占30%，考勤占20%。

二、案例分析课考核内容为：案例的基本分析技能。成绩评定方法为：分析报告占60%，课堂讨论占20%，考勤占20%。

三、法律援助的成绩评定内容为：实际问题的分析和处理能力。成绩评定方法为：法律援助总结报告，主要内容为援助的内容与援助的效果。

四、实习的成绩评定主要结合实习单位的意见进行考核。

第二编

教 学 实 验

实验一 民法的调整对象

一、实验目标

本实验介绍民法的调整对象。内容包括：民法调整对象的概念；民法调整对象的争论；《民法通则》关于民法调整对象的规定；平等主体之间的财产关系；平等主体之间的人身关系。

二、实验要求

了解：民法调整对象的争论；理解：民法调整对象的概念、《民法通则》关于民法调整对象的规定；掌握：平等主体之间的财产关系和人身关系。

三、实验原理

（一）民法调整对象的概念

法的调整是根据一定的社会生活需要，运用一系列法律手段对社会关系进行调控。法的调整对象是指一部法律所调整的社会关系，也是划分法律部门的主要标准。民法的调整对象，是特指民事法律所要调整的社会关系的总和。

（二）民法调整对象的争论

民法的调整对象是民法学的基础理论问题之一。我国关于民法调整对象的探讨较为深入，主要的观点包括：三部分关系说，即人与人之间的财产所有关系、财产流转关系和人身关系；商品关系说；两部分关系说：人与人之间平等的财产关系和人身关系。

（三）《民法通则》关于民法调整对象的规定

《民法通则》第2条规定：中华人民共和国民法调整平等主体的公民之间、法人之间、公民和法人之间的财产关系和人身关系。这是对我国民法调整对象的具体规定。其中，主体的平等性是我国民法调整对象的质的规定性。主体的平等性包含两个互相联系的方面：一是民事主体人格独立，互不隶属，不存在人格依附关系；二是双方意思自治，任何一方都可以独立表达自己的意思，不受他方强迫。

（四）平等主体之间的财产关系

财产关系是民事主体以财产为内容的社会关系。财产的本质特性是具有经济价值。财产应具备以下要件：具有经济价值；不属于自然人的人格；人力能够支配。值得注意的是，我国民法调整的财产关系不是财产与财产之间的关系，也不是人与财产之间的关系，而是特指人与人之间因财产所发生的具有经济内容的社会关系。财产关系按照其状态和运转方式的不同，可以区分为财产支配关系和财产流转关系；按照财产本身性质的不同，可以区分为有形财产关系和无形财产关系。

（五）平等主体之间的人身关系

人身关系，又称人身非财产关系，指与人身不可分离而不直接体现为一定物质利益的社会关系。依据我国现行法的规定，人身关系主要包括基于人的生命健康、姓名、肖像、荣誉、名誉、著作、发明等所发生的社会关系。依据人身关系产生的基础不同可以将其区分为人格关系和身份关系。根据人身关系与财产联系的紧密程度不同，可将人身关系区分为纯人身关系和非纯人身关系。

四、实验材料

（一）法条材料

《民法通则》第2条：中华人民共和国民法调整平等主体的公民之间、法人之间、公民和法人之间的财产关系和人身关系。

（二）案例材料

案例1：

1972年，某A磷矿筹建磷铁矿时，借用原告某化工研究所的地皮建了简易宿舍。被告周某等当时均系某A磷矿的职工，被安排在此简易宿舍居住。该矿后归H县管理。H县接管后，对包括6名被告在内的该矿职工另行分配了工作单位。1979年，H县人民政府又将该矿修建在化工研究所院内的上述简易宿舍，以固定资产有偿调拨形式，调拨给了化工研究所。此后，经化工研究所督促，12户陆续搬走6户，剩下本案被告6户未搬。自此，化工研究所多次与6名被告协商，动员其搬迁，均无结果；又找H县政府请求配合，但H县政府以6名被告有的已在单位领取了安家补助费，有的现已不是本县职工为理由，不安排搬迁。化工研究所遂于1993年向人民法院提起诉讼，诉请人民法院判令6名被告搬出所住房屋，安置问题由H县政府解决。6名被告辩称：我们现住房是原组织解决的，现也只能依靠组织解决。第三人H县人民政府述称：上述被告安置问题已经解决，我县政府不再负责安置。因此，我县政府不应参加本案诉讼。一审法院经审查认定：原告的诉讼请求属于政府行政管理方面的决定引起的房屋纠纷，不属于人民法院主管。裁定驳回化工研究所的起诉。①

案例2：

某县某商场是1994年成立的集体所有制商业单位，隶属于该县商业管理局领导。1998年11月，商业管理局举行全局职工先进个人表彰会，从商场购买手表、电熨斗、毛巾被等日用品作为奖品，价款共计18000元。商业局经办此事的办公室主任对商场经理说，因商业局最近开支较大，所以此项货款要到明年3月支付给商场，商场经理表示同意。但到了1999年4月，商业局仍未付款，且从未提起此事。5月初，商场派会计索要几次未果。7月，商业局作出决定并通知商场：奖品货款18000元由商场自行消化，双方不再结算。此事在商场职工中反响强烈。9月，商场向某县人民法院提起诉讼，要求法院责令商业局付款，而商业局则以该纠纷系上下级单位内部纠纷，且商业局已对此事作出处理为由拒绝应诉。②

五、实验过程

分析案例1

步骤一：分析材料，归纳争议焦点。

本案中，一审法院以本案属于政府行政管理行为引发的纠纷，不属于人民法院主管为由，裁定驳回原告的诉讼请求。原、被告双方的争议焦点也集中于此，即双方的房屋纠纷是否属于平等主体之间的财产纠纷，人民法院是否应当对此纠纷作出判决。

步骤二：解决争议焦点。

本案中，原告依法获得争议房屋的所有权，原告以所有权人的身份提起诉

---

① 案例来源于郭明瑞主编：《民法总论案例教程》，北京大学出版社2004年版，第1页。

② 案例来源于 http：//wwwzzlvshicn/showarticleasp？id = 923&sort = % CB% BE% B7% A8% BF% BC% CA% D4。

讼，要求6名被告搬离房屋。原、被告是平等的民事主体，房屋的所有权属于财产权，因此原、被告之间的争议，实际上仍然是平等民事主体之间的财产关系，虽然房屋的产权归属介入了政府的行政管理行为，但是仍属于民法的调整对象。一审法院没有对双方的争议作出实质审理，直接将其排除出人民法院的主管范围的裁定有待商榷。

分析案例2

步骤一：分析材料，归纳争议焦点。

本案中，原、被告双方对买卖物品的事实并没有争议。双方争议的焦点集中在：被告与原告之间的法律关系属于一般买卖纠纷还是属于上下级单位之间的内部纠纷。

步骤二：解决争议焦点。

商业局是商场的主管单位，对其经营行为有监督管理的职责。但是，商场是集体所有制的商业单位，具有独立的民事主体资格。商业局从商场购买物品实际上是一种平等主体之间进行的民事交易。值得注意的是，商业局是行政机关，但并不是所有行政机关与其管理对象之间存在的都是行政管理关系。商场具有自主经营权，商业局要求商场消化货款于法无据。因此，本案中商业局应及时支付货款。

六、拓展思考

1. 依据《物权法》的规定，案例1中，原告的诉讼请求能否得到支持，为什么？

2. 案例2中，商业局拒绝应诉，诉讼程序该如何进行？

七、课后训练

1. 下列社会关系属于民法调整对象的有（　　）。

A. 自然人甲与自然人乙之间订立的电脑买卖合同关系

B. 中国公民丙与中国公民丁之间缔结的婚姻关系

C. 甲税务机关与自然人乙之间订立的电脑买卖合同关系

D. 甲税务机关与自然人乙之间的税款征收关系

2. 甲被乙家的狗咬伤，要求乙赔偿医药费，乙认为甲被狗咬与自己无关，拒绝赔偿。下列哪一选项是正确的？（　　）

A. 甲乙之间的赔偿关系属于民法所调整的人身关系

B. 甲请求乙赔偿的权利属于绝对权

C. 甲请求乙赔偿的权利适用诉讼时效

D. 乙拒绝赔偿是行使抗辩权

3. 下列哪种情形成立民事法律关系？（　　）

A. 甲与乙约定某日商谈合作开发房地产事宜

B. 甲对乙说：如果你考上研究生，我就嫁给你

C. 甲不知乙不胜酒力而极力劝酒，致乙酒精中毒住院治疗

D. 甲应同事乙之邀前往某水库游泳，因抽筋溺水身亡

4. 案例分析

王某（男）与肖某（女）通过网络聊天认识，因意气相投，相互羡慕，遂互留地址，互递照片，并决定交友，但双方一直没有见面。一年后，王某通过网络约会肖某于2003年10月1日在一餐厅见面。肖某同意王某的邀请。肖某十分重视此次约会，为了此次约会，专门到美容店进行了美容，并按约定时间到餐厅，但肖某从日上中天一直等到日没西天，也未见到王某的影子。肖某十分恼怒，便按照地址找到王某，质问此事。双方为此发生争执。肖某怒而诉至法庭，要求王某赔偿其精神损失费1万元。请结合民法的调整对象回答，本案该如何处理？为什么？①

① 案例来源于 http：//www.exam8.com/xueli/fashuo/shiti/200612/408918_2.html。

实验二　表见代理的认定

一、实验目标

通过本实验让学生领悟表见代理的构成要件在司法实践中的具体表现形式。代理行为在市场交易活动中日益普遍，是因为代理能够拓展民事活动的空间，使民事主体超越时空限制，更广泛地参与民事活动，确保民事权利的实现。在代理关系中一般存在三方当事人，代理的法律后果直接由被代理人承担，无权代理的后果则由代理人自行承担。为了保护交易安全，尽管代理人是无权代理，但如果相对人有充分的理由相信代理人是有代理权的，则构成表见代理，其后果仍然由被代理人承担。所以表见代理的判断直接关系到法律后果的归属。而认定表见代理的关键又在于代理人在与相对人从事交易时的身份、所提交的证明文件或者行为方式，所以表见代理的认定过程就是一个证据的比对程序，看哪一方的证据更具优势。

二、实验要求

通过本实验达到以下要求：第一，掌握判断表见代理的要点；第二，掌握举证和质证的技巧；第三，掌握证据比对技巧。

三、实验原理

表见代理的构成要件

表见代理的构成要件包括一般要件和特别要件。表见代理属于广义的无权代理，但仍然需要具备代理的一般要件，即：（1）无权代理人须以被代理人的名义进行民事活动，能够证明自己接受了被代理人的委托，为被代理人代行民事事务；（2）行为人应当具有相应的民事行为能力，一般应是完全行为能力人，限制民事行为能力人以及无民事行为能力人所为的行为，一般是无效的民事行为，不能成立代理行为，也就不能构成表见代理；（3）无权代理人所为的民事行为应向相对人为意思表示或者受领相对人的意思表示。

构成表见代理除了需要具备上述代理的一般要件外，还需具备特别要件：(1) 须行为人不具有代理权。成立表见代理的第一要件是行为人无代理权。如果行为人有代理权，则属于有权代理，不发生表见代理的问题。(2) 须有使相对人相信行为人具有代理权的事实和理由，这是成立表见代理的客观要件。这一要件是以行为人与被代理人之间存在某种事实上的或法律上的联系为基础的。被代理人与代理人之间在客观上有某种较为紧密的联系，因客观情况掩盖了无权代理人无代理权的实质，给他人以假象，致使善意第三人确信无权代理人具有代理权。具体判断是否构成权利外观可以从以下几个方面加以考虑：比如特定的场所、无权代理人与本人的关系、无权代理人是否从事了与其职责有关的行为、本人对无权代理行为的发生所起的作用、无权代理人在与相对人缔约时宣称其具有代理权的根据比如代理证书、单位的印章、单位的介绍信、空白合同书等。(3) 第三人善意且无过失，这是表见代理成立的主观要件，即第三人不知道行为人所为的行为系无权代理行为。如果第三人主观上有恶意，即明知行为人没有代理权仍与之实施民事行为，这种情况就失去了法律保护的必要，故表见代理不能成立。《民法通则》第66条第4款规定：第三人知道行为人没有代理权、超越代理权或者代理权已经终止还与行为人实施民事行为给他人造成损害的，由第三人和行为人负连带责任。(4) 须行为人与相对人之间的民事行为具备民事法律行为的有效要件。

四、实验材料

(一) 法条材料

1.《民法通则》

第63条　公民、法人可以通过代理人实施民事法律行为。

代理人在代理权限内，以被代理人的名义实施民事法律行为。被代理人对代理人的代理行为，承担民事责任。

依照法律规定或者按照双方当事人约定，应当由本人实施的民事法律行为，不得代理。

第65条　民事法律行为的委托代理，可以用书面形式，也可以用口头形式。法律规定用书面形式的，应当用书面形式。

书面委托代理的授权委托书应当载明代理人的姓名或者名称、代理事项、权限和期间，并由委托人签名或者盖章。

委托书授权不明的，被代理人应当向第三人承担民事责任，代理人负连带责任。

第68条 委托代理人为被代理人的利益需要转托他人代理的，应当事先取得被代理人的同意。事先没有取得被代理人同意的，应当在事后及时告诉被代理人，如果被代理人不同意，由代理人对自己所转托的人的行为负民事责任，但在紧急情况下，为了保护被代理人的利益而转托他人代理的除外。

2.《合同法》

第49条 行为人没有代理权、超越代理权或者代理权终止后以被代理人名义订立合同，相对人有理由相信行为人有代理权的，该代理行为有效。

第396条 委托合同是委托人和受托人约定，由受托人处理委托人事务的合同。

第400条 受托人应当亲自处理委托事务。经委托人同意，受托人可以转委托。转委托经同意的，委托人可以就委托事务直接指示转委托的第三人，受托人仅就第三人的选任及其对第三人的指示承担责任。转委托未经同意的，受托人应当对转委托的第三人的行为承担责任，但在紧急情况下受托人为维护委托人利益需要转委托的除外。

第410条 委托人或者受托人可以随时解除委托合同。因解除合同给对方造成损失的，除不可归责于该当事人的事由以外，应当赔偿损失。

（二）案例材料①

2007年6月3日，乙公司下设的第四分公司（未领营业执照）经理林某到甲公司处开提货单一份，拉走甲公司钢材40吨，提货单上只有林某的个人签名，并未加盖乙公司公章。2007年6月15日，甲公司收到林某交纳的4万元货款，为其开具收款收据，收据上的交款部门写的是“乙公司”。现甲公司向人民法院起诉，要求乙公司支付剩余货款47万元。乙公司拒付。甲公司认为，乙公司在供货宣传单上所作的广告显示林某系乙公司第四分公司经理及乙公司业务联系人，证明林某已被授权办理该项业务，其在提单上签字应属于职务行为，构成表见代理。甲公司另提供证据显示，与其在同一区域的供货商丙公司也曾开提货单给林某，乙公司表示认可。乙公司辩称：乙公司未在合同上盖章，林某在提货单上的签字是无权代理，属于个人行为，甲公司本身审查不严，存在过错，同时乙公司制定的业务流程规定林某不能单独为买卖钢材的行为，因此在未向林某授权的情况下，其擅自与甲公司发生业务，应由林某自己负责。此外，

① 案例来源于赵林青主编：《民事案例评析》，中国政法大学出版社2008年版，第43页。

乙公司在有关公安机关报案，称林某伙同其他公司以乙公司名义实施诈骗行为，公安机关未予以立案，现林某不知去向。

五、实验过程

环节一：诉前准备

步骤1：将参加实验课程的学生按照本案所涉当事方分为若干小组。

步骤2：按照分组，分发相应的实验材料。

步骤3：初步判定案件性质。

步骤4：查阅有关法规、相关案例。

步骤5：确定诉讼思路。诉讼思路的确定不仅要确保案件的胜诉，而且要能够执行。

本案的关键在于确认林某以第四分公司名义所签署的合同是否有效，判断林某的行为是否构成表见代理。

步骤6：与当事人交换意见，将每个诉讼方向的利弊分析给当事人听，听取当事人的想法，征得当事人的同意。

步骤7：签署委托代理协议并制作授权委托书。

步骤8：调查收集证据。对本案所涉的相关资料进行梳理，看当事人提交的证据是否充分，在哪些方面还存在欠缺，制作调查取证的行程安排。

步骤9：确定一审管辖法院。

环节二：进入诉讼程序

步骤1：起草起诉书。

步骤2：将起诉书送交对方当事人。

步骤3：对方当事人提交答辩状。

步骤4：要求各方当事人在规定的时间内制作证据目录并提交证据。

步骤5：组织质证。

环节三：进入庭审程序

步骤1：法庭调查。

步骤2：证据交换。

步骤3：法庭辩论。

步骤4：法庭陈述，总结陈词。

步骤5：下达判决书。

环节四：进入二审程序

步骤1：乙公司提出上诉。

步骤2：二审开庭。

步骤3：组织调解。

步骤4：调解失败，下达判决书。

六、拓展思考

1. 林某的行为是否属于职务代理？
2. 林某的行为是否构成表见代理？
3. 如果在提货单上有公司盖章，对林某行为性质的认定有何影响？
4. 如果林某伪造公司盖章，对其行为性质应如何认定？

七、课后训练

案例分析①

2002年10月间，崔某（时任某A机场公司总经理、董事会董事，主持某A机场公司的日常工作）使用某A机场公司的公章以某A机场公司名义与民生银行某分行签订了1.3亿元的银行承兑合同。贷出的1.3亿元被转入由张某任董事长的某甲信息技术公司（以下简称信息技术公司），由信息技术公司开出汇票在湖南某农行贴现。2003年3月，崔某使用某A机场公司的公章以某A机场公司名义与上海浦东发展银行某分行签订了贷款1.6亿元的合同，以该1.6亿元贷款偿还了前笔向民生银行某分行的借款本息。在此笔贷款到期时，崔某亲自与兴业银行某H分行人员商谈贷款，并向兴业银行某H分行人员介绍某乙公司出纳员李某为某A机场公司助理会计师，指使李某假冒某A机场公司工作人员（崔某亲笔涂改自己的名片给李某印制名片），使用私刻的某A机场公司公章于2003年7月11日与兴业银行某H分行签订《基本授信合同》，约定兴业银行向某A机场公司提供最高限额为人民币3亿元的基本授信额度，用于解决某A机场公司正常的流动资金周转，授信有效期自2003年7月11日至2004年7月10日止。同年7月14日和12月9日，李某按崔某的授意代表某A机场公司在崔某办公室与兴业银行某H分行分别签订了数额为2亿元和2500万元的两份贷款合同，共贷款2.25亿元，年利率4.779%，贷款期限1年。开户和贷款所需的某A机场公司营业执照、税务登记证、

① 案例来源于《最高人民法院公报》2009年第11期，第30页。

法定代表人身份证明、授权委托书、董事会决议等相关资料，全部由崔某提交并加盖私刻的某A机场公司公章。2.25亿元贷款发放后，李某按崔某的授意将其中的1.6亿元通过某机场航空货运有限公司（以下简称机场航空货运公司）账户偿还浦发银行某分行的1.6亿元借款。余款转入信息技术公司等处。在2.25亿元贷款即将到期时，2004年7月5日，崔某又亲自用私刻的某A机场公司假公章在其办公室与兴业银行某H分行签订了三份各7500万元的借新贷还旧贷合同，年利率5.841%，贷款期限1年，对2.25亿元贷款延期。2004年8月11日和2005年1月4日，兴业银行某H分行直接或通过安永会计师事务所向某A机场公司发出贷款核数函和直接追收函，崔某又亲自拟函和签名并使用私刻的某A机场公司公章行文答复兴业银行某H分行。

兴业银行某H分行发放2.25亿元贷款后，已收至2004年11月24日共667万元的贷款利息。其中机场航空货运有限公司汇入309万元；市某丙供水设备工业有限公司汇入90万元；某丁实业发展（深圳）有限公司汇入10万元；李某交现金188万元；张某深圳账户转款70万元。

原审法院另查明：2005年2月24日，张某、崔某、李某等人因涉嫌贷款诈骗犯罪被深圳市公安局逮捕。2006年2月27日，深圳市人民检察院对崔某等人涉嫌犯罪一案向深圳市中级人民法院提起公诉。2007年8月7日，深圳市中级人民法院对崔某、张某、李某等所涉贷款诈骗罪一案作出刑事判决。

思考：（1）本案中崔某的行为是否构成表见代理？

（2）崔某已经构成犯罪的事实对表见代理的构成有何影响？

实验三　债务移转中的法律问题

一、实验目标

债务转让在市场经济活动中具有普遍性，而债务的流动增加了交易的复杂性，因债务的流动所引起的法律问题也趋向于复杂化。因为债务的流动所涉问题众多，包括债务转让是否有效？债务的转让对保证人承担责任的影响？诉讼时效是否中断？债权债务主体发生变更的情形下，责任如何承受？尤其是为了处理四大国有银行的不良资产，中国成立了华融、东方、长城、信达四大资产管理公司，银行将其不良资产以打包的形式转让给这四大资产管理公司，资产管理公司再通过出售、置换、债转股等形式进行资产盘活，尽可能地让国有资产保值增值。但在债务转让过程中由此引发了大量的法律纠纷，对于债务转让中的通知义务如何履行？转让行为是否合法有效？这既涉及对国有资产的保护，也关系到对买受人的利益保障。通过此次实验，以期对债务转让中的系列问题有一个全面的认知，对处理此类案件有一个全面的把握。

二、实验要求

通过本次实验，熟悉有关债务转让的法律、法规，掌握债务纠纷的处理技巧。

三、实验原理

债务转让，是指合同当事人一方将其合同的权利和义务全部或者部分地转让给第三人。合同转让一般包括债权让与、债务承担和合同承受三种形式。合同的转让要发生法律效力，必须满足合同转让的条件。一般而言，债权让与必须符合下列要件才能有效：① （1）须有有效存在的债权，且债权让与不改变债权的内容。债权的有效存在，是债权让与的基本前提。以不存在或者无效债

---

① 参见马俊驹、余延满：《民法原论》，法律出版社2007年版，第596页。

权让与他人，或者以已经消灭的债权让与他人，即为标的不能，其让与行为无效。如果受让人因此受到损失，让与人应负责予以赔偿。对于因可撤销法律行为所发生的债权以及诉讼时效已经完成的债权，一般也可以成为让与的标的。但这两种债权被让与后，如果债务人行使撤销权而使债权归于无效，或债务人以诉讼时效完成为由拒绝履行债务的，受让人得因此主张债权让与行为无效。(2) 债权的让与人与受让人须就债权让与达成合意。债权让与是让与人与受让人意思表示一致的结果，是一种双方法律行为，因其判断债权让与合意是否有效必须依照民事法律行为的有效要件来进行判断。(3) 让与的债权须具有可让与性。债权让与的法律效果主要是让与人应将让与的债权移转于受让人，因此，让与的债权须具有可让与性。根据我国《合同法》第 79 条的规定，下列债权不得让与：①根据合同性质不得转让的债权。如雇佣合同、委托合同中受雇人受托人享有的债权。②按照当事人约定不得转让的债权。当事人的这种约定须在债权让与之前订立，否则让与无效。禁止让与的第三人的范围，既可以是泛指也可以是特指，还可以约定债权在一定期间内不得让与。当事人的这种约定只要不违反法律的禁止性规定和社会公共道德，就应当具有法律效力。当然，当事人之间的这种约定不得对抗善意第三人，即如果一方当事人违反禁止转让的约定而将债权转让给善意第三人，该让与行为仍然有效。① ③依照法律规定不得转让的债权。(4) 债权的让与须通知债务人。债权的让与对原合同的债务人有一定的影响，从维护债务人的利益出发，应对权利让与作适当限制。对于这种限制程度各国立法规定不一。我国《民法通则》采取同意主义，我国《合同法》改变了《民法通则》的做法，该法第 80 条第 1 款规定，债权人转让权利的，应当通知债务人。未经通知，该转让行为对债务人不发生效力。从该规定可以看出，我国对债务转让采取的是通知主义，改变了原《民法通则》所采取的同意主义，充分体现了私法自治的精神。此外，证券化债权转让无须通知即对债务人发生效力。关于通知的形式，《合同法》并未限制。因此，口头形式与书面形式都应当允许，但原则上以书面形式订立的合同的债权让与应采取书面形式。如果法律、行政法规有特别规定的，应当遵照其规定，比如保险单、商业票据等债权的让与，以背书方式进行。(5) 须遵守

① 如果第三人为恶意的，其违约效果如何呢？对此有债权效果说和物权效果说之争。前者认为，让与契约仍然有效，仅债务人得提出恶意的抗辩；后者则认为，此约定使债权失去转让性，违反此约定所为债权让与不生效力。当然，债务人事后同意的，则可使之有效。参见黄立：《民法债编总论》，中国政法大学出版社 2002 年版，第 614 ~ 615 页。

法律规定的形式。我国《合同法》第87条规定：法律、行政法规规定转让权利应当办理批准、登记等手续的，应当办理批准、登记手续。否则，债权让与行为无效。

诉讼时效制度的目的是促使权利人积极行使权利，避免权利人在自己的权利上“睡觉”。如果在诉讼时效进行期间，权利人通过一定的方式主张了自己的权利，就会导致诉讼时效的中断。所以时效中断制度的设置可以保证权利人的权利一直处于有效状态。关键在于认定哪些事由可以导致诉讼时效的中断。一般而言，下列事项引起诉讼时效的中断：（1）提起诉讼。如果提起诉讼因不符合法律要求而被裁定驳回的，不发生中断时效的效果。如果起诉后又撤诉的，能否中断诉讼时效，我国《民法通则》没有明确的规定。《海商法》第267条明确规定请求人撤回起诉时，时效不中断。学界对此有不同的看法，有的认为不中断时效。① 有的则认为应中断时效。② 有的则认为以起诉后起诉书副本是否送达作为标准，如果撤诉时起诉书副本尚未送达被告的不能中断时效期间，如果起诉书副本已经送达被告的，可按“当事人一方提出要求”处理，时效应中断。③ 有的则认为，鉴于当事人一方提出要求而中断时效的，我国民法典既可以采取德、瑞、法的立法例，须原告在一定期限内（例如6个月）再提起诉讼，即溯及起诉之时发生中断的效力；也可以采取日本的立法例，认为起诉状副本已送达被告人，可以按照诉讼外请求或催告而发生中断的效力。④ 我们认为，从方便举证的角度来看，采取德国的立法例更具有可操作性。同时，如果权利人向仲裁机构申请仲裁、向人民调解委员会申请调解、向人民法院申请强制执行、申报破产债权等，一般认为与提起诉讼具有同等的效力。当事人之间达成和解协议的，也可以起到中断时效的效果。（2）当事人一方提出要求。当事人一方提出要求是权利人积极行使权利的体现，自然应当起到时效中断的效果，但当事人一方提出要求的方式如何，口头方式抑或书面形式？法律没有作出明确规定；同时，如果当事人一方提出要求后，债务人仍然不履行债务，是否发生时效中断的效力则取决于主张权利一方的举证，如果

① 参见王利明：《民法总则研究》，中国人民大学出版社2003年版，第734页。梁慧星：《民法总论》，法律出版社1996年版，第279页。

② 参见夏利民：《民法基本问题研究》，中国人民公安大学出版社2001年版，第252页。

③ 参见彭士翔、毕志英：《诉讼时效制度适用的几个问题》，载《法学杂志》1988年第2期；李开国：《民法总则研究》，法律出版社2003年版，第443页。

④ 参见马俊驹、余延满：《民法原论》，法律出版社2007年版，第259页。

能够有充分的证据证明自己曾经主张权利，则自主张权利之日起发生时效的中断。由于法律对主张权利的方式没有作出规定，当事人往往难以证明自己主张了权利。因此，当事人要么及时起诉，要么在主张权利时尽量采取书面形式并保留证据。(3) 同意履行义务。它包括债务人对债务的承认。同意履行义务的方式是多种多样的，它不仅有明示的方式，也有默示的方式。明示的方式比如债务确认书、还款计划等；默示的方式则只指推定行为，不包括沉默。比如请求延期给付、提供担保、支付利息或租金、清偿部分债务等。上述中断诉讼时效的事由必须发生在时效进行期间，且必须发生在该时效所涉及的民事法律关系的当事人及承受人之间。最高人民法院《关于贯彻执行〈中华人民共和国民法通则〉若干问题的意见》第173条规定：权利人向债务保证人、债务人的代理人或者财产代管人主张权利的，可以认定诉讼时效中断。可见，债务人的保证人、债务人的代理人或者财产代管人都是该民事关系的相关人员。

保证是第三人与债权人约定，当债务人不履行其债务时，该第三人依约定履行债务或者承担责任的担保方式。第三人提供保证以后，被担保的债务发生变化，债务发生移转等都将对保证人的责任产生影响。保证合同与主合同之间存在附从关系，主债务的效力将对保证合同产生影响，主债务的有效存在，是保证合同有效存在的前提，主债务无效，除非能够证明主债务的无效是保证人的过错所造成的，保证人不承担保证责任。保证人的保证责任得因一定事由的发生而减轻或者免除。依照我国《担保法》的规定，保证责任减免的事由主要有三种：(1) 保证期限届满而债权人未请求。其中关于保证期限的长短可由当事人进行约定，也可以由法律规定。根据《担保法》第25条第1款、第26条第1款的规定，保证期限，当事人有约定的，从其约定；没有约定的，保证期限为主债务履行期限届满之日起6个月。最高人民法院《关于适用〈中华人民共和国担保法〉若干问题的解释》第32条和第33条规定，保证合同约定的保证期间早于或者等于主债务履行期限的，视为没有约定，保证期间为主债务履行期间届满之日起6个月。保证合同约定保证人承担保证责任直至主债务本息还清时为止等类似内容的，视为约定不明，保证期间为主债务履行期届满之日起2年。主合同对主债务履行期限没有约定或者约定不明的，保证期间自债权人要求债务人履行义务的宽限期限届满之日起计算。(2) 债权人放弃物的担保。对同一债权既有保证担保又有物的担保的，在债权人放弃物的担保的范围内免除保证责任。(3) 主债务转让给第三人而未经保证人书面同意。

四、实验材料

（一）法条材料

1.《合同法》

第80条　债权人转让权利的，应当通知债务人。未经通知，该转让对债务人不发生效力。

债权人转让权利的通知不得撤销，但经受让人同意的除外。

第84条　债务人将合同的义务全部或者部分转移给第三人的，应当经债权人同意。

第88条　当事人一方经对方同意，可以将自己在合同中的权利和义务一并转让给第三人。

第89条　权利和义务一并转让的，适用本法第七十九条、第八十一条至第八十三条、第八十五条至第八十七条的规定。

第90条　当事人订立合同后合并的，由合并后的法人或者其他组织行使合同权利，履行合同义务。当事人订立合同后分立的，除债权人和债务人另有约定的以外，由分立的法人或者其他组织对合同的权利和义务享有连带债权，承担连带债务。

2. 最高人民法院《关于适用〈中华人民共和国合同法〉若干问题的解释（一）》

第27条　债权人转让合同权利后，债务人与受让人之间因履行合同发生纠纷诉至人民法院，债务人对债权人的权利提出抗辩的，可以将债权人列为第三人。

第28条　经债权人同意，债务人转移合同义务后，受让人与债权人之间因履行合同发生纠纷诉至人民法院，受让人就债务人对债权人的权利提出抗辩的，可以将债务人列为第三人。

第29条　合同当事人一方经对方同意将其在合同中的权利义务一并转让给受让人，对方与受让人因履行合同发生纠纷诉至人民法院，对方就合同权利义务提出抗辩的，可以将出让方列为第三人。

3.《民法通则》

第135条　向人民法院请求保护民事权利的诉讼时效期间为2年，法律另有规定的除外。

第137条　诉讼时效期间从知道或者应当知道权利被侵害时起计算。但是，从权利被侵害之日起超过20年的，人民法院不予保护。有特殊情况的，人民法院可以延长诉讼时效期间。

第139条　在诉讼时效期间的最后6个月内，因不可抗力或者其他障碍不能行使请求权的，诉讼时效中止。从中止时效的原因消除之日起，诉讼时效期间继续计算。

第140条　诉讼时效因提起诉讼、当事人一方提出要求或者同意履行义务而中断。从中断时起，诉讼时效期间重新计算。

4.《担保法》

第6条　本法所称保证，是指保证人和债权人约定，当债务人不履行债务时，保证人按照约定履行债务或者承担责任的行为。

第7条　具有代为清偿债务能力的法人、其他组织或者公民，可以作保证人。

第8条　国家机关不得为保证人，但经国务院批准为使用外国政府或者国际经济组织贷款进行转贷的除外。

第9条　学校、幼儿园、医院等以公益为目的的事业单位、社会团体不得为保证人。

第10条　企业法人的分支机构、职能部门不得为保证人。

企业法人的分支机构有法人书面授权的，可以在授权范围内提供保证。

第13条　保证人与债权人应当以书面形式订立保证合同。

第21条　保证担保的范围包括主债权及利息、违约金、损害赔偿金和实现债权的费用。保证合同另有约定的，按照约定。

当事人对保证担保的范围没有约定或者约定不明确的，保证人应当对全部债务承担责任。

第29条　企业法人的分支机构未经法人书面授权或者超出授权范围与债权人订立保证合同的，该合同无效或者超出授权范围的部分无效，债权人和企业法人有过错的，应当根据其过错各自承担相应的民事责任；债权人无过错的，由企业法人承担民事责任。

第30条　有下列情形之一的，保证人不承担民事责任：

（一）主合同当事人双方串通，骗取保证人提供保证的；

（二）主合同债权人采取欺诈、胁迫等手段，使保证人在违背真实意思的情况下提供保证的。

第31条　保证人承担保证责任后，有权向债务人追偿。

5. 最高人民法院《关于适用〈中华人民共和国担保法〉若干问题的解释》

第 14 条　不具有完全代偿能力的法人、其他组织或者自然人，以保证人身份订立保证合同后，又以自己没有代偿能力要求免除保证责任的，人民法院不予支持。

第 16 条　从事经营活动的事业单位、社会团体为保证人的，如无其他导致保证合同无效的情况，其所签定的保证合同应当认定为有效。

第 17 条　企业法人的分支机构未经法人书面授权提供保证的，保证合同无效。因此给债权人造成损失的，应当根据担保法第五条第二款的规定处理。

企业法人的分支机构经法人书面授权提供保证的，如果法人的书面授权范围不明，法人的分支机构应当对保证合同约定的全部债务承担保证责任。

企业法人的分支机构经营管理的财产不足以承担保证责任的，由企业法人承担民事责任。

企业法人的分支机构提供的保证无效后应当承担赔偿责任的，由分支机构经营管理的财产承担。企业法人有过错的，按照担保法第二十九条的规定处理。

（二）案例材料①

1996 年 10 月 14 日，某甲电子公司与农行某 H 支行签订了一份《借款合同》。该合同约定：某甲电子公司向农行某 H 支行借款 100 万元，借款期限为自 1996 年 10 月 14 日起至 1997 年 4 月 14 日止，借款利率为月息 0.924%。同日，某乙实业公司与农行某 H 支行签订了一份《保证合同》。该合同约定：某乙实业公司对前述借款合同项下的借款提供连带责任担保，担保期间为自主合同约定的借款之日起至借款到期后 2 年。1997 年 4 月 29 日，某甲电子公司与农行某 H 支行又签订了一份《借款合同》，约定某甲电子公司向农行某 H 支行借款 350 万元，借款期限为自 1997 年 4 月 29 日起至 1997 年 10 月 29 日止，借款利率为月息 0.924%。同日，民航某丙公司与农行某 H 支行签订了一份《保证合同》。合同约定：民航某丙公司对 350 万元借款合同项下的借款提供连带责任担保，保证期间为自主合同约定的借款之日起至借款到期后 2 年。1997 年 3 月 17 日，某甲电子公司作为承兑申请人与农行某 H 支行签订了一份《银行承兑协议》。该协议约定：农行某 H 支行签发金额为 480 万元，到期日为 1997 年 9 月 27 日的 6 个月银行承兑汇票，如到期日之前某甲电子公司不能足额支付

① 案例来源于湖北省高级人民法院［2008］鄂民监一再终字第 00102 号。

票款，则转做某甲电子公司的逾期贷款。同日，民航某丙公司与农行某H支行签订了《保证合同》，约定民航某丙公司对上述银行承兑汇票承担连带责任，保证期间为自主合同约定之日起至承兑到期后2年。上述合同及协议签订后，农行某H支行依约向某甲电子公司分别发放贷款100万元、350万元及开具金额为480万元的银行承兑汇票。但某甲电子公司未能按约定偿还贷款及交付承兑票款。某乙实业公司、民航某丙公司也未按照保证合同约定偿还上述款项。为此，农行某H支行于1999年2月10日和2000年3月17日向民航某丙公司送达了830万元的催收贷款通知，于1999年3月10日向某乙实业公司送达了100万元的催收贷款通知，同年4月10日向某甲电子公司送达了930万元的催收贷款通知。2000年5月23日，担保人民航某丙公司、某乙实业公司均签章声明收到农行某H支行签发的担保人履行责任通知书。同日，债务人某甲电子公司也签章，声明收到农行某H支行签发的债务逾期催收通知书。2000年5月29日，长城公司与农行某H支行签订了债权转移确认通知书，确认农行某H支行享有的对电子公司债权本金930万元及利息284.3644万元转移给长城公司。同日，某甲电子公司、民航某丙公司在债权转移确认通知书回执上签章确认对上述债权转让不持任何异议。嗣后，某甲电子公司、某乙实业公司、民航某丙公司均未履行偿付义务。长城公司于2002年3月27日在《湖北日报》上对前述债权进行了公告催收。

另附事实：1995年5月A省民航局和某乙实业公司共同投资设立民航某丙公司，注册资本为3000万元，其中A省民航局的投资占98%计2940万元，某乙实业公司的投资占2%计60万元。A省民航局和某乙实业公司的投资均未到位。民航某丙公司于2001年12月14日被注销登记。某乙实业公司于1993年成立，1996年6月17日，经其上级主管部门某B科技公司申请，被注销登记。该科技公司在申请办理某乙实业公司注销登记手续时承诺已对某乙实业公司的债务进行了处理，如有未处理的情况，将由其承担全部责任。其中，民航某丙公司因另案被起诉，而且法院已经作出终审判决，要求民航某丙公司作为债务人偿还债权人借款本金3000万元及利息；A省民航局在其投资的2940万元范围内承担清偿责任；执行法院在执行过程中已于2002年5月10日从A省民航局的银行账户上扣划2980.648775万元，用以偿还民航某丙公司所欠债务及执行费。

2006年12月13日，长城公司将本案所涉债权转让给某丁公司，并于同日在《湖北日报》第六版发布《债权转移通知暨债务催收公告》。

本案原由武汉市中级人民法院于2003年12月26日作出（2003）武民初字第102号民事判决。宣判后，长城公司不服，向湖北省高级人民法院提出上诉。湖北省高级人民法院审理后作出民事裁定，以原审程序违法为由，撤销原判，发回重审。湖北省武汉市中级人民法院重审后作出（2004）武民二重字第4号民事判决，长城公司不服，再次向湖北省高级人民法院提出上诉。湖北省高级人民法院于2006年7月24日作出（2006）鄂民二终字第25号民事判决。判决发生效力后，长城公司仍不服，于2006年9月19日向湖北省高级人民法院申请再审。

在本案中，长城公司认为，某甲电子公司向农行某H支行共计贷款930万元，其中民航某丙公司担保830万元，某乙实业公司担保100万元。贷款到期后，某甲电子公司没有履行还款义务，担保人也未履行担保责任。长城公司于2000年5月29日根据国家政策受让了该债权，并向债务人和担保人履行了通知义务。民航某丙公司由于被注销，其投资开办单位A省民航局、某乙实业公司未履行出资义务。某乙实业公司也已于1996年6月17日注销，注销时某B科技公司在工商登记中承诺“人员安置、设备、设施、物资、债务已经处理妥当，若出现未处理情况，由本科技公司承担”。根据最高人民法院《关于对注册资金投入未达到法律规定最低限额的企业法人签订的经济合同效力如何确认问题的批复》［法复（1997）2号批复］（以下简称法复（1997）2号批复）和最高人民法院《关于企业开办的企业被撤销或者歇业后民事责任承担问题的批复》［法复（1994）4号］（以下简称法复（1994）4号批复）之规定，A省民航局、某B科技公司应对本案债务承担连带清偿责任。

A省民航局则认为：第一，长城公司的主债权是不真实的，根据保证合同的附从性，保证人不应对其承担保证责任。第二，即使主债权依法存在，本案保证期限已经届满，作为保证人的民航某丙公司不应承担保证责任，作为保证人股东的我局当然更不应当承担任何责任。第三，本案应适用《中华人民共和国公司法》，而不应适用法复（1994）4号批复和法复（1997）2号批复，我局只应在出资2940万元的范围内承担责任。由于我局在另案的执行中已经对民航某丙公司债务承担了2940万元的责任，就不应另行为此承担任何责任。

某B科技公司则认为：最高人民法院法复（1994）4号批复所适用的

范围不包括本案情况，我公司不可能对某甲电子公司承担连带责任。

五、实验过程

环节一：诉前准备

步骤1：将参加实验课程的学生按照本案所涉当事方分为若干小组。

步骤2：按组分发相应的实验材料。

步骤3：初步判定案件性质。

步骤4：查阅有关法规和相关案例。

步骤5：确定诉讼思路。诉讼思路的确定不仅要确保案件的胜诉，而且能够执行。

本案争议的焦点不是债权是否存在以及债权的数额，而是债务的承担主体，某甲电子公司是本案的债务人，但某甲电子公司显然缺乏偿还能力，如何才能让担保人承担责任，在担保人已经被注销的情况下，其开办单位或者出资人是否应当承担责任将成为本案的焦点以及论证的重点，也是我们的诉讼方向。因此，应将某甲电子公司、A省民航局以及某B科技公司作为共同被告。

步骤6：与当事人交换意见，听取当事人的想法，征得当事人的同意。

步骤7：签署委托代理协议并制作授权委托书。

步骤8：调查收集证据。对本案所涉的相关资料进行梳理，看当事人提交的证据是否充分，在哪些方面还存在欠缺。制作调查取证的行程安排，并到工商登记部门查阅所涉当事人的登记信息。

步骤9：确定一审管辖法院。

环节二：进入诉讼程序

步骤1：起草起诉书。

步骤2：由法院将起诉书送交对方当事人。

步骤3：对方当事人提交答辩状。

步骤4：要求各方当事人在规定的时间内制作证据目录并提交证据。

步骤5：组织质证。

环节三：进入庭审程序

步骤1：法庭调查。

步骤2：证据交换。

步骤3：法庭辩论。

步骤4：法庭陈述、总结陈词。

步骤5：合议下达判决书。

环节四：进入二审程序

步骤1：长城公司上诉。

步骤2：二审开庭。

步骤3：发回重审。

步骤4：原审法院重审。

步骤5：长城公司再次上诉。

步骤6：二审法院开庭审理。

步骤7：作出终审判决。

环节五：进入再审程序

步骤1：提出再审申请。

步骤2：确定再审，组成合议庭。

步骤3：开庭审理。

步骤4：作出终审判决，下达判决书。

环节六：进入执行程序

步骤1：提出执行申请。

步骤2：执行。

六、拓展思考

1. 本案所涉的系列债务转让法律行为是否存在瑕疵？对债务转让的效力是否存在影响？

2. 本案中债权最终受让人某丁公司主张债权是否超过诉讼时效？

3. A省民航局、某B科技公司到底是否应该对本债务承担连带清偿责任？

4. 保证人承担保证责任的期限是否已经超过保证期限？

5. 本案的法律适用是否正确，到底是适用公司法还是最高人民法院的批复？

七、课后训练

本案对银行有哪些启示？为银行起草一份总结报告。

实验四　知识产权纠纷

一、实验目标

理解知识产权侵权纠纷的特点。知识产权作为一类无形财产权，其在权利侵犯表现形式、救济方式上与物权存在很大的差别，对于侵权的判断，对于赔偿标准的确定等都有自己的特别之处。本实验希望通过系列案例的对比来说明专利侵权的判断原则、商标侵权的认定标准以及著作权的侵权构成要件。

二、实验要求

掌握如何判定知识产权侵权的构成要件。

三、实验原理

专利侵权的判断原则、商标侵权的认定标准、著作权的侵权构成。

专利侵权的判断，首先在于明确专利权保护范围的确定标准，这是判定侵权是否成立时所要解决的先决问题。因为只有确定了保护范围，才能作为侵权判定的对比依据。关于专利权的保护范围及其具体内容的确定，我国专利法及其司法解释规定了以下三条重要的原则：第一，发明或者实用新型专利权的保护范围以其权利要求的内容为准；第二，权利要求的内容应当以权利要求书中明确记载的必要技术特征所确定的范围为准；第三，专利说明书及附图可以用于解释权利要求。由此可见，专利权的保护范围最终反映为权利要求书中的各项必要技术特征。所以专利侵权判断的一个基本模型就是将侵权专利所涉及的技术特征进行分解，然后将该技术特征与专利技术权利要求书中所记载的技术特征进行对比，如果二者完全相同，明显构成专利侵权。但如果两者之间存在一定的差异，是否构成侵权则需要区别对待：首先，增加技术特征的仍构成侵权。如果被告产品的技术特征与原告专利权中的全部技术特征相同，只是在此基础上增加一个以上的技术特征，则仍构成侵权。这种情况，即使所增加的技术特征是被告所作出的更高水平的发明，或者两者相比，增加后的技术方案比原技术方案具有更多优点，仍不能改变侵犯他人专利权的事实。因为他人专利权要求中的技术特征已全部被被告产品的技术特征所覆盖，而权利要求书中的技术特征是完全受法律保护的。所以，在他人的专利产品基础上增加新的技术特征，甚至在构成新的发明创造的情况下，也仍然需要经过在先专利权人的许可，否则构成侵权。所以判断是否构成侵权，不是以两者有多少不同技术特征为准，而是比较两者有多少相同的技术特征。其次，减少必要技术特征不构成侵权。减少技术特征，是指被控侵权产品或者方法没有使用权利要求书中的全部技术特征，通常是减少一个或者两个技术特征。对于减少技术特征是否构成侵权要做具体分析，不宜一概而论。关键是看被减少的技术特征是否为必要技术特征。如果减少的是必要技术特征应不构成侵权，但如果减少的是非必要技术特征则可认定侵权成立。所谓非必要技术特征，是指对实现发明目的来说，属于多余的技术因素。此为多余指定原则。也就是说该技术特征放在权利要求书中保护是多余的。因此，在申请专利时，权利要求书中所含技术特征并非多多益善，而应精益求精，否则专利权反而得不到有效保护。减少必要技术特征不构成侵权的理由在于：被控侵权产品不具有原告专利权利要求中的全部技术特征，因此未能完全覆盖权利要求的保护范围，而专利法所保护的应是一个整体的技术方案，所以应判定不构成侵权。最后，改变技术特征后是否构成侵权也要具体判断。专利侵权纠纷中的改变技术特征，是指替换部分技术特征，即被告以某个部件、成分或者某个技术要素替换专利技术方案中的某个技术特征，或者改变一下专利产品中的结构或者位置。这类情形有可能构成侵权，也可能不构成侵权，关键是看这种替换的效果是等同、变劣还是变优。等同替换构成侵权。所谓等同替换是指以与专利技术特征基本相同的手段来实现和专利技术基本相同的功能或者达到基本相同的效果的行为，这些替换物是本领域普通技术人员不需要经过特别考虑就可以发现的等同物。如果改变技术特征后的产品或者方法使得技术方案变劣，比如结构更加复杂或者成本更加高昂，也认定构成侵权。如果改变技术特征使得原技术有了实质性进步，属于明显的技术改进，构成新的专利，不构成专利侵权。

商标侵权的判断标准：商标的主要功能就是对产品或者服务进行区分识别。商标权是一种无形财产权，如果未经许可而在商业活动中使用他人的注册商标，或者使用与他人的注册商标相近似的标志，并且有可能造成消费者在商品或者服务来源上的混淆，就会构成商标侵权。根据《商标法》第 52 条、《商标法实施条例》第 50 条以及最高人民法院《关于审理商标民事纠纷案件适用法律若干问题的解释》，我国有关商标侵权的行为具体表现为以下九种情形：第一，未经商标注册人许可，在同一种商品或者类似商品上使用与其注册商标相同或者相近似的商标。第二，销售侵犯注册商标专用权的商品。第三，伪造、擅自制造他人注册商标的标识、或者销售伪造、擅自制造的他人注册商标标识。第四，未经商标注册人同意，更换其注册商标并将该更换商标的商品又投入市场。第五，在同一种或者类似商品上，将与他人注册商标相同或者近似的标志，作为商品名称或者商品装潢使用，误导公众。第六，故意为侵犯注册商标专用权的行为提供仓储、运输、邮寄、隐匿等便利条件。第七，将与他人注册商标相同或者近似的文字，作为企业字号在相同或者类似商品上使用，容易使相关公众产生误认。第八，复制、摹仿、翻译他人注册的驰名商标或者其主要部分，在不相同或者不相类似的商品上作为商标使用，误导公众，致使该驰名商标注册人的利益可能受到损害。第九，将与他人注册商标相同或者近似的文字注册为域名，并且通过该域名进行相关商品交易的电子商务，容易使相关公众产生误认。

著作权侵权的判断。著作权是一种排他性权利，只能由权利人行使，如果未经许可而使用了享有著作权的作品，又不属于合理使用，就侵犯了著作权。然而在具体的司法实践中，审判者确定侵权与否，是从作品的角度来看的，即被告的作品是否侵犯了原告作品的著作权。或者说，被控侵权的作品是否复制了或者来源于原告的作品。两部作品之间是否存在着表述上的相同或者实质性相似。一般来说，原封不动地照抄、照搬比较容易判断，但对于第二种情况则相对难以判断。如果两种作品只是存在实质性相似，那么就要特别注意区分思想观念与思想观念的表达，因此，实质性相似必须是表达上的相似。按照世界各国著作权法的惯例，在追究侵权人的民事责任时，一般不需要考虑侵权人的主观心态，即采取无过错责任原则。民事侵权责任主要有停止侵权和赔偿损失。根据我国的著作权法，损害赔偿金的计算方式有三种：一是权利人的实际损失，即著作权人或者邻接权人因为被告的侵权行为而遭受的损失，或者说如果没有侵权行为的发生，权利人可以获得的收益；二是侵权人的利润所得，即侵权人因为侵权而获得的收益；三是法定损害赔偿，即由法律规定一个赔偿额度，由法庭根据侵权的具体情况，在此额度内确定一个合理的赔偿数额。根据《著作权法》第48条的规定，法定赔偿的额度在50万元以下。

四、实验材料

（一）法条材料

1.《著作权法》

第47条　有下列侵权行为的，应当根据情况，承担停止侵害、消除影响、赔礼道歉、赔偿损失等民事责任：

（一）未经著作权人许可，发表其作品的；

（二）未经合作作者许可，将与他人合作创作的作品当作自己单独创作的作品发表的；

（三）没有参加创作，为谋取个人名利，在他人作品上署名的；

（四）歪曲、篡改他人作品的；

（五）剽窃他人作品的；

（六）未经著作权人许可，以展览、摄制电影和以类似摄制电影的方法使用作品，或者以改编、翻译、注释等方式使用作品的，本法另有规定的除外；

（七）使用他人作品，应当支付报酬而未支付的；

（八）未经电影作品和以类似摄制电影的方法创作的作品、计算机软件、录音录像制品的著作权人或者与著作权有关的权利人许可，出租其作品或者录音录像制品的，本法另有规定的除外；

（九）未经出版者许可，使用其出版的图书、期刊的版式设计的；

（十）未经表演者许可，从现场直播或者公开传送其现场表演，或者录制其表演的；

（十一）其他侵犯著作权以及与著作权有关的权益的行为。

第48条　有下列侵权行为的，应当根据情况，承担停止侵害、消除影响、赔礼道歉、赔偿损失等民事责任；同时损害公共利益的，可以由著作权行政管理部门责令停止侵权行为，没收违法所得，没收、销毁侵权复制品，并可处以罚款；情节严重的，著作权行政管理部门还可以没收主要用于制作侵权复制品的材料、工具、设备等；构成犯罪的，依法追究刑事责任：

（一）未经著作权人许可，复制、发行、表演、放映、广播、汇编、通过信息网络向公众传播其作品的，本法另有规定的除外；

（二）出版他人享有专有出版权的图书的；

（三）未经表演者许可，复制、发行录有其表演的录音录像制品，或者通过信息网络向公众传播其表演的，本法另有规定的除外；

（四）未经录音录像制作者许可，复制、发行、通过信息网络向公众传播其制作的录音录像制品的，本法另有规定的除外；

（五）未经许可，播放或者复制广播、电视的，本法另有规定的除外；

（六）未经著作权人或者与著作权有关的权利人许可，故意避开或者破坏权利人为其作品、录音录像制品等采取的保护著作权或者与著作权有关的权利的技术措施的，法律、行政法规另有规定的除外；

（七）未经著作权人或者与著作权有关的权利人许可，故意删除或者改变作品、录音录像制品等的权利管理电子信息的，法律、行政法规另有规定的除外；

（八）制作、出售假冒他人署名的作品的。

第 49 条　侵犯著作权或者与著作权有关的权利的，侵权人应当按照权利人的实际损失给予赔偿；实际损失难以计算的，可以按照侵权人的违法所得给予赔偿。赔偿数额还应当包括权利人为制止侵权行为所支付的合理开支。

权利人的实际损失或者侵权人的违法所得不能确定的，由人民法院根据侵权行为的情节，判决给予 50 万元以下的赔偿。

2.《专利法》

第 59 条　发明或者实用新型专利权的保护范围以其权利要求的内容为准，说明书及附图可以用于解释权利要求的内容。

外观设计专利权的保护范围以表示在图片或者照片中的该产品的外观设计为准，简要说明可以用于解释图片或者照片所表示的该产品的外观设计。

第 60 条　未经专利权人许可，实施其专利，即侵犯其专利权，引起纠纷的，由当事人协商解决；不愿协商或者协商不成的，专利权人或者利害关系人可以向人民法院起诉，也可以请求管理专利工作的部门处理。管理专利工作的部门处理时，认定侵权行为成立的，可以责令侵权人立即停止侵权行为，当事人不服的，可以自收到处理通知之日起 15 日内依照《中华人民共和国行政诉讼法》向人民法院起诉；侵权人期满不起诉又不停止侵权行为的，管理专利工作的部门可以申请人民法院强制执行。进行处理的管理专利工作的部门应当事人的请求，可以就侵犯专利权的赔偿数额进行调解；调解不成的，当事人可以依照《中华人民共和国民事诉讼法》向人民法院起诉。

第 61 条　专利侵权纠纷涉及新产品制造方法的发明专利的，制造同样产品的单位或者个人应当提供其产品制造方法不同于专利方法的证明。

专利侵权纠纷涉及实用新型专利或者外观设计专利的，人民法院或者管理专利工作的部门可以要求专利权人或者利害关系人出具由国务院专利行政部门对相关实用新型或者外观设计进行检索、分析和评价后作出的专利权评价报告，作为审理、处理专利侵权纠纷的证据。

第 62 条　在专利侵权纠纷中，被控侵权人有证据证明其实施的技术或者设计属于现有技术或者现有设计的，不构成侵犯专利权。

第63条　假冒专利的，除依法承担民事责任外，由管理专利工作的部门责令改正并予公告，没收违法所得，可以并处违法所得4倍以下的罚款；没有违法所得的，可以处20万元以下的罚款；构成犯罪的，依法追究刑事责任。

第64条　管理专利工作的部门根据已经取得的证据，对涉嫌假冒专利行为进行查处时，可以询问有关当事人，调查与涉嫌违法行为有关的情况；对当事人涉嫌违法行为的场所实施现场检查；查阅、复制与涉嫌违法行为有关的合同、发票、账簿以及其他有关资料；检查与涉嫌违法行为有关的产品，对有证据证明是假冒专利的产品，可以查封或者扣押。

管理专利工作的部门依法行使前款规定的职权时，当事人应当予以协助、配合，不得拒绝、阻挠。

第65条　侵犯专利权的赔偿数额按照权利人因被侵权所受到的实际损失确定；实际损失难以确定的，可以按照侵权人因侵权所获得的利益确定。权利人的损失或者侵权人获得的利益难以确定的，参照该专利许可使用费的倍数合理确定。赔偿数额还应当包括权利人为制止侵权行为所支付的合理开支。

权利人的损失、侵权人获得的利益和专利许可使用费均难以确定的，人民法院可以根据专利权的类型、侵权行为的性质和情节等因素，确定给予1万元以上100万元以下的赔偿。

3.《商标法》

第27条　申请注册的商标，凡符合本法有关规定的，由商标局初步审定，予以公告。

第28条　申请注册的商标，凡不符合本法有关规定或者同他人在同一种商品或者类似商品上已经注册的或者初步审定的商标相同或者近似的，由商标局驳回申请，不予公告。

第29条　两个或者两个以上的商标注册申请人，在同一种商品或者类似商品上，以相同或者近似的商标申请注册的，初步审定并公告申请在先的商标；同一天申请的，初步审定并公告使用在先的商标，驳回其他人的申请，不予公告。

第30条　对初步审定的商标，自公告之日起3个月内，任何人均可以提出异议。公告期满无异议的，予以核准注册，发给商标注册证，并予公告。

第31条　申请商标注册不得损害他人现有的在先权利，也不得以不正当手段抢先注册他人已经使用并有一定影响的商标。

第32条　对驳回申请、不予公告的商标，商标局应当书面通知商标注册申请人。商标注册申请人不服的，可以自收到通知之日起15日内向商标评审委员会申请复审，由商标评审委员会做出决定，并书面通知申请人。

当事人对商标评审委员会的决定不服的，可以自收到通知之日起30日内向人民法院起诉。

第33条　对初步审定、予以公告的商标提出异议的，商标局应当听取异议人和被异议人陈述事实和理由，经调查核实后，做出裁定。当事人不服的，可以自收到通知之日起15日内向商标评审委员会申请复审，由商标评审委员会做出裁定，并书面通知异议人和被异议人。

当事人对商标评审委员会的裁定不服的，可以自收到通知之日起30日内向人民法院起诉。人民法院应当通知商标复审程序的对方当事人作为第三人参加诉讼。

（二）案例材料

案例1：

专利侵权①

原告：袁某，苏州市某甲机械电子公司经理

原告：苏州市某甲机械电子公司

被告：张某

被告：苏州市郊区某乙机械厂

原告诉称：袁某享有“电火花线切割机床大锥度大厚度切割装置”实用新型专利权，并于1999年3月将其专利许可某甲公司独占实施。被告张某和某乙机械厂未经权利人许可，合作制造了一台线切割机床大锥度线架装置，并销售给宁波市某丙机床厂使用，其行为侵犯了袁某的专利权，也影响了某甲公司实施专利。请求法院判令二被告停止侵权，公开赔礼道歉并赔偿原告经济损失20万元。

被告张某辩称：某乙机械厂生产的一台线切割大锥度线架装置，只是供给宁波市某丙机床厂试用，并非销售，而且，该装置的技术特征与原告专利不同，未落入专利权的保护范围，故不构成侵权。请求法院驳回原告

① 案例来源于孙南申主编：《知识产权典型案例精析》，人民法院出版社2004年版，第3~8页。

的诉讼请求。

被告某乙机械厂则认为：与张某合作时，他称自己有专利，我们仅生产一台给宁波市某丙机床厂，定好价格为2.8万元，但实际没有付款，也没有再生产。

案件事实如下：

(1) 1997年8月27日，袁某向国家专利局申请了"电火花切割机床大锥度大厚度切割装置"实用新型专利，并于1999年1月30日获得专利证书，同年3月10日发布授权公告，专利号为87235288.7，同年3月15日，专利权人袁某与某甲公司签订了专利独占实施许可合同。

(2) 上述87235288.7号实用新型专利的独立权利要求为：一种电火花线切割机床大锥度大厚度切割装置，包括贮丝盘、走丝架、U向运动机构和V向运动机构。其特征在于：所述走丝架由上转轴、下转轴以及连接上下转轴的多节连杆组成，所述贮丝盘上的电极丝经过断丝保护器和导丝轮B，向下经过导丝轮A到达设在下转轴前端的下导轮，再向上经过设在上转轴前端的商导轮，到达设在上转轴后端的上导丝轮，再向下经过设在下转轴后端的下导丝轮进入贮丝盘。

(3) 1999年1月10日，张某与某乙机械厂签订一份协议，合作生产了一台大锥度线架装置，定价为2.8万元，供给宁波市某丙机床厂试用。后因发生纠纷，该装置已于1999年12月15日运回，放置于苏州某变压器厂车间封存。

(4) 在审理过程中，法院召集双方当事人对封存在变压器厂的线架装置进行现场勘验。根据97235388.7号专利独立权利要求的内容并与被告产品的具体特征进行对比，二者主要差别在于：①专利产品连接上下转轴的部件称为多节连杆，被告产品连接上下转轴的部件称为导柱导套；②专利产品中有一断丝保护器，被告产品中有一恒张力装置，二者功能、结构有差异；③专利产品贮丝盘上的电极丝引出时经过断丝保护器和一个导轮B，引回时经过下转轴后端的下导丝轮回到贮丝盘，被告产品贮丝盘上的电极丝引出经过恒张力装置上的导轮，经过下转轴后端的下导丝轮仍要经过恒张力装置上的另一导轮回到贮丝盘。

对于上述勘验差别②、③，根据现场勘验记录和双方提供的被告产品结构和走丝路线示意图，可以证明：被告产品采用的恒张力装置与专利产品中的断丝保护器，二者有重合的功能，即在断丝的情况下均可停车保护，但恒张力装置还可调整走丝张力，由于恒张力装置的双重功能，使其在结构上与断丝保护器不同。同时，由于被告产品采用了恒张力装置，省略了一个走丝导轮，其电极丝走丝路线与专利所限定的走丝路线不同。

原告认为：导柱导套结构与多节连杆技术在结构特征上是一致的，只是名称不同；恒张力装置的作用也是断丝保护，与断丝保护器作用一致，故被告产品的技术特征覆盖了原告专利的保护范围。

被告认为：导柱导套是现有技术，而多节连杆是原告专利区别于现有技术的发明创造；原告专利没有公开断丝保护器的结构，但从附图反映出其结构，与恒张力装置结构不同；恒张力转置既有断丝保护作用，还有保护走丝张力作用，所以被告产品走丝路线与专利也不同。故被告产品的技术特征未落入到专利的保护范围。

问题：(1) 被告产品是否构成侵权？

(2)“试用”是否构成侵权？

案例2：

商标侵权的判断①

原告：哈尔滨黑天鹅集团股份有限公司（下称哈尔滨黑天鹅公司）。

被告：广东黑天鹅饮食文化有限公司（下称广东黑天鹅公司）。

1994年11月27日，国家工商行政管理局商标局核准哈尔滨市黑天鹅大酒店注册“黑天鹅”文字及图形组合商标（商标注册证号为772907），该商标核定使用的服务项目为第42类，包括餐馆、快餐馆、鸡尾酒会服务、咖啡馆、自助餐馆，该商标为1993年9月申请注册，核准有效期从1994年11月27日至2004年11月27日。该商标由画有网状经纬线的地球平面图上一只翅膀收起的黑天鹅及图下楷书的黑天鹅三个字组合而成。2000年9月28日，国家工商行政管理局商标局核准该商标转让注册，受让人为哈尔滨黑天鹅集团股份有限公司。在原审法院审理过程中，广东黑天鹅公司认为原商标注册人哈尔滨市黑天鹅大酒店已于1997

① 案例来源于最高人民法院网典型案例专栏，http://www.court.gov.cn，2009年6月4日访问。

年9月注销，而哈尔滨黑天鹅公司是在2000年9月28日才通过转让获得上述注册商标，哈尔滨黑天鹅公司获得该注册商标的方式违法，于2002年4月29日向国家工商行政管理总局商标评审委员会请求撤销哈尔滨黑天鹅公司的商标权。该委于2002年8月28日作出不予受理通知书。广东黑天鹅公司为上述主张主要提交了下列证据：（1）哈尔滨市某A建筑工程公司于1989年申请开办哈尔滨市黑天鹅大酒店的《企业申请营业登记注册书》及相关资料，其中《资金数额证明》中写明：新组建的哈尔滨市黑天鹅大酒店只有经营权，财产所有权归属哈尔滨市某A建筑工程公司。哈尔滨市黑天鹅大酒店的营业执照为1989年11月25日颁发的非法人企业营业执照。（2）1997年9月哈尔滨市黑天鹅大酒店申请注销的《企业申请注销登记注册书》及相关资料，其中哈尔滨黑天鹅实业有限公司签署意见写明：该公司下属企业黑天鹅大酒店，因经营不善，长年亏损，故申请废业，废业后，若出现债权债务问题均由黑天鹅实业有限公司负责清理。在企业送交公章情况栏中写明：印鉴一枚已当面销毁，经办人签署日期是1997年9月23日。哈尔滨黑天鹅实业有限公司1997年9月证明：黑天鹅大酒店在开业期间，只刻有公章，无其他财务现金收讫、支票转记等章。

哈尔滨黑天鹅公司为此相应地提交了下列证据：（1）哈尔滨市某A建筑工程公司于2002年6月证明：哈尔滨市黑天鹅大酒店是我公司开办的非法人组织，1991年我公司将该酒店转让给哈尔滨黑天鹅冰箱冰柜商场，包括一切财产权和债权债务。（2）哈尔滨黑天鹅实业有限公司于1993年申请营业登记，其企业法人营业执照为1993年11月19日颁发，其1995年度《企业法人年检报告书》载明：出资者包括黑天鹅冰箱冰柜商场、黑天鹅大酒店，分支机构包括黑天鹅冰箱冰柜商场。（3）1998年3月4日哈尔滨市经济体制改革委员会致哈尔滨黑天鹅实业有限公司《关于同意组建哈尔滨黑天鹅集团股份有限公司的批复》，同意该公司《关于组建哈尔滨黑天鹅集团股份有限公司的申请》，集团名称：哈尔滨黑天鹅集团，公司名称：哈尔滨黑天鹅集团股份有限公司，总股本8000万股，其中哈尔滨黑天鹅实业有限公司资产管理委员会认购5000万股，占总股本的62.49%，曹某甲、曹某乙、杨某、职工持股会分别认购330万、230万、100万、2340万股。（4）1997年10月关于加入哈尔滨黑天鹅集团，作为集团的子公司的申请，申请人包括哈尔滨黑天鹅冰箱冰柜商场。

(5) 1998 年哈尔滨黑天鹅集团股份有限公司营业执照，该公司营业范围包括购销饮食加工机械、食品添加剂等，不包括饮食服务。(6) 以哈尔滨黑天鹅集团股份有限公司为投资人之一的黑天鹅名人俱乐部有限责任公司 2001 年营业执照，其经营范围包括餐饮。(7) 2000 年 7 月 21 日转让 772907 号注册商标申请书，申请书上盖有转让人哈尔滨市黑天鹅大酒店和受让人哈尔滨黑天鹅集团股份有限公司的印章。(8) 1996 年 12 月哈尔滨黑天鹅名人俱乐部（甲方）与哈尔滨市黑天鹅大酒店（乙方）签订的《商标使用许可合同书》。该合同书写明：乙方将第 772907 号注册商标注册的第 42 类商标与甲方共同使用。(9) 哈尔滨黑天鹅集团股份有限公司 1997 年 9 月《关于统一使用黑天鹅注册商标的决定》。该决定写明：现将哈尔滨市黑天鹅大酒店予以注销，其注册商标由黑天鹅名人俱乐部统一使用，该注册商标所有权归哈尔滨黑天鹅集团股份有限公司所有。广东黑天鹅公司对上述证据表示异议，因黑天鹅大酒店早已注销，印章销毁，申请商标转让时不应再有该酒店印章。

哈尔滨黑天鹅公司就其指控广东黑天鹅公司的商标侵权及不正当竞争行为提交了下列证据：(1) 广东黑天鹅公司开办的黑天鹅连锁饺子馆在广东省各地的分布图及 2001 年 10 月拍摄的该饺子馆在广州市越秀区西湖路、越秀区解放北路、芳村区、天河区石牌、东山区环市东路、海珠区江南中路、海珠区泉塘北街、番禺区市桥、广东佛山市顺德容奇、广东惠阳市、东莞市、湖南省长沙市等地分店的店面牌匾及店内一些场景的照片，照片中的牌匾、场景及物品上有关"黑天鹅连锁饺子馆"的标注均明显突出"黑天鹅"三字，三字为行书书法体，有关服务标识则为画有网状经纬线和大陆地块的地球平面图、图的上部有一只翅膀展开的黑天鹅、图的下部有一横跨地球的长城、图的下面有"黑天鹅集团"及"BLACK SWAN GROUP"文字的长方形标贴，其中亦突出使用上述"黑天鹅"三个字，有的分店在企业名称中"黑天鹅"及商标图样的右上角标注®注册商标标记，广州市番禺区市桥分店中还有广东黑天鹅公司所作的黑天鹅饺子馆简介，说明是 1989 年来到广东，已开有 38 家连锁店。(2) 广东黑天鹅公司企业登记查询资料，载明 1998 年 1 月 20 日成立。(3) 哈尔滨市公证处公证书，载明该公证处公证员于 2001 年 9 月 28 日在折扣互联网站（www. zhekou. com. cn）上下载的网页，在该网站广州首页进入"餐饮"查询，可找到上述黑天鹅饺子馆在广州市越秀区西湖路、越秀区解放北路、天河区石牌、东山区环市东路、海珠区江南中路、海珠区泉塘北街等多处分店的折扣宣传，并写明品牌黑天鹅，亦有上述黑天鹅饺子馆简介的宣传，还有广东黑天鹅公司上述黑天鹅商标和牌匾的宣传。(4)在工商部门查询的1999年5月广东黑天鹅饺子馆有限公司申请设立广州市东山区沿江东路分店的申请登记表，其中写明已设立的分支机构有解放北分店、石牌分店、江南中分店。(5)广东黑天鹅饮食文化有限公司解放北分店、石牌分店、江南中分店、食品加工厂的企业注册资料，上述分支机构分别于1998—1999年成立，均隶属于广东黑天鹅饺子馆有限公司。(6)广东黑天鹅饺子馆有限公司企业注册资料。该公司1998年1月20日成立，法定代表人包××。(7)广州市番禺市桥东环黑天鹅饺子馆企业注册资料。该饺子馆1996年9月开业，为包××个人经营。(8)广东省工商行政管理局《核准企业变更登记通知书》。通知书载明，广东黑天鹅饺子馆有限公司于2000年4月26日变更为广东黑天鹅公司。

广东黑天鹅公司承认上述网上的宣传是其公司做的，至于哈尔滨黑天鹅公司提交的照片中的分店有的是其公司开办，有的是以个体的家族性质开办的，与其公司无关，并称哈尔滨黑天鹅公司提交照片中的广东佛山市顺德容奇、广东惠阳市、东莞市、湖南省长沙市等地的分店亦与其无关。

广东黑天鹅公司为抗辩哈尔滨黑天鹅公司的侵权指控及证明其在先使用主要提交了下列证据：(1)2002年2月26日在黑天鹅饺子馆淡水第一分店对陈某的调查笔录，陈某称她1991年来到惠阳淡水，当时淡水第一分店已开张一年，老板娘是包××，当时就用的现在这个店名，"黑天鹅"三个字后来请人另写了，图案是老板娘的丈夫（已故）自己设计的，文字和图案的组合一直未变，后来在淡水又开了一家分店。(2)2002年2月26日在黑天鹅饺子馆淡水第一分店对王某的调查笔录，其称自己是卖猪肉的，从1989年始就一直给黑天鹅饺子馆送肉，该店的店名和天鹅的图案一直未变，老板娘是包××。(3)2002年2月27日在深圳宝安石岩镇黑天鹅饺子馆第七分店对赖某的调查笔录，其称自己是换煤气的，一直给该店送煤气，该店是1993年上半年开的，一直用这个名称。(4)2002年2月27日在深圳宝安石岩镇黑天鹅饺子馆第七分店对邱某的调查笔录，其称自己是该店的房东，该店在1993年1月开业，一直用这个名称。(5)2002年2月27日在深圳市横岗镇黑天鹅饺子馆第六分店对曾某的调查笔录，其称该店是1992年开业，一直叫黑天鹅，还有个黑天鹅的图案。(6) 2002年2月27日在深圳市横岗镇黑天鹅饺子馆第六分店对罗某的调查笔录，其称自己是卖菜的，自该店在1992年8月开业以来，一直给该店送菜，该店一直叫黑天鹅，还有一个绿色的天鹅的图案，图案上的地球是一年前改的。(7) 2002年2月27日在深圳市龙岗区某粮油副食商行对林某的调查笔录，其称已开此粮店十年了，黑天鹅饺子馆龙岗第四分店1992年开业以来一直是其送油、米、餐料等，后来该店改名为第十四分店，一直都用黑天鹅这个名字，还有一个天鹅的图案。(8) 2002年2月27日在东莞市虎门镇黑天鹅饺子馆第九分店对龙某的调查笔录，其称1995年该店开业是其做的装修。(9) 2002年2月26日在惠州大亚湾对谭某、何某的调查笔录，其称当地的黑天鹅饺子馆是1991年初开业的，1994年停业，当时有黑天鹅的牌子和一个绿色的小天鹅的图案。(10) 东莞市某H广告有限公司及熊某证明，黑天鹅饺子馆集团招牌从1989年淡水第一分店，1990年澳头分店，1991年惠东分店，1992年石岩分店、横岗分店，1993年平湖分店，1995年虎门分店都由其公司制作及维修，证明还附了招牌图样：竖列的"黑天鹅饺子馆"名称，上面图样为一个椭圆形，上部有一翅膀收起的天鹅，中部有一横列的"HEITIANE"字样。(11) 2002年2月26日在惠东县黑天鹅饺子馆（惠东）第五分店对袁某的调查笔录，其称黑天鹅饺子馆在惠东的三个店都是其装修的，其中一个是1992年开业，一个是1993年11月开业，招牌和店名都是黑色的竖排黑天鹅三个字，有个绿色的天鹅的图案，1995年重新装修时招牌是其另外设计的。(12) 2002年2月26日在惠东县黑天鹅饺子馆（惠东）第五分店对李某的调查笔录，其亦称黑天鹅饺子馆在惠东的两家店分别于1992年和1993年开业。(13) 惠东县工商局城南工商所证明，惠东县黑天鹅饺子馆是个体户，1993年8月25日开业。(14) 惠阳市工商局证明，惠阳市淡水黑天鹅饺子馆于1989年12月登记开业至今。(15) 深圳宝安区石岩黑天鹅饺子馆个体工商户开业登记资料，负责人为邱某，经营期限自1998年2月起。(16) 深圳龙岗区龙岗镇黑天鹅饺子馆个体工商户开业登记资料，负责人为陈某，开业日期1995年11月。(17) 深圳龙岗区横岗镇黑天鹅饺子馆个体工商户开业登记资料，负责人为包××，开业日期1993年4月。广东黑天鹅公司亦承认上述分店与广东黑天鹅公司无隶属关系。哈尔滨黑天鹅公司对上述证据的真实性无异议，但认为上述分店与广东黑天鹅公司无隶属关系，即使有在先使用，也不能延伸认为广东黑天鹅公司可以使用。另哈尔滨黑天鹅公司明确表示其原提交的上述商标2000年曾被评为哈尔滨市著名商标的证书不作为证据使用。

哈尔滨黑天鹅公司主张赔偿的依据为，以广东黑天鹅公司38家分店，每家分店经营期限按2年计，平均每家分店每年盈利20万元，共盈利1520万元，故哈尔滨黑天鹅公司索赔1000万元。但哈尔滨黑天鹅公司未提交广东黑天鹅公司相关利润额的证据。被告未就其侵权所获得的利润提交相应的证据。在本案审理过程中，哈尔滨黑天鹅公司要求对广东黑天鹅公司获利进行评估，如不能评估则由法院酌情判决。

问题：(1) 广东黑天鹅公司是否构成侵权？

(2) 广东黑天鹅公司是否享有在先使用权？

案例3：

著作权侵权构成①

原告：丁某

被告：A市教育局

被告：某甲美术出版社

原告丁某诉称：1999年2月7日，本人在街头为妻儿拍摄了一张选购红灯笼的生活照。该幅照片以“街上红灯闹”为题，发表于同年2月12日《A市日报》的“周末特刊”上。后在翻阅由被告A市教育局组织编写、由被告某甲美术出版社于2000年1月出版、2002年1月第三次印刷发行的《A市美术乡土教材（小学高年级版）》时，发现该教材使用了本人拍摄的上述生活照。两被告未征得本人同意，在其编写、出版发行的教材中使用本人享有著作权的作品，且未指明作者姓名，也未支付报酬，侵害了本人的著作权。请求判令两被告停止侵权，在A市市级报刊上公开赔礼道歉，赔偿损失2万元，并承担本案诉讼费用。

被告A市教育局辩称：《A市美术乡土教材（小学高年级版）》是由A市教学研究室严某等人编写、被告某甲美术出版社出版发行的，本局不

① 案例来源于孙南申主编：《知识产权典型案例精析》，人民法院出版社2004年版，第183～186页。

是该书的作者。原告诉称本局侵害其著作权没有事实依据，请求驳回原告对本局的诉讼请求。

被告某甲美术出版社辩称：原告无权以自己的身份主张著作权的相关权利，因为本社出版发行的《A市美术乡土教材（小学高年级版）》选用的“大红灯笼”照片，系从1999年2月12日的《A市日报》转载的。该幅作品是原告为完成该日报社交办的工作任务，并且代表法人意志完成的作品，其著作权人应为A市日报社；本社出版的《A市美术乡土教材（小学高年级版）》是为了实施九年制义务教育和国家教育规划而编写出版的教科书，本社使用该幅作品属于我国《著作权法》第23条规定的法定许可使用。更何况本社在编审时已尽审慎义务，主观上没有过错。因此，本社愿意按照国家规定的标准向其补付稿酬，但原告提起的侵权之诉不能成立，请求驳回原告对本社的诉讼请求。

一审认定的事实如下：原告丁某系A市日报社摄影记者。1999年2月7日，原告丁某用自己的照相机拍摄了一幅以其妻子、儿子在街头选购大红灯笼为画面的照片。该幅照片发表于同年2月12日的《A市日报》“周末特刊”的“过大年”专版，题名为“街上红灯闹”，摄影署名为丁某，其名字前冠以本报记者身份。2000年1月，被告某甲美术出版社出版发行了严某主编的《A市美术乡土教材（小学高年级版）》，该教材中使用了原告丁某发表在《A市日报》上的“街上红灯闹”照片，并将原题名“街上红灯闹”改为“大红灯笼”。被告某甲美术出版社自2000年1月至2002年1月先后三次印刷该册教材，累计印数为294701册，每册定价均为人民币3.9元。该册教材的作者和出版者在该教材中使用“街上红灯闹”照片，既未经原告丁某许可，也未指明其作者姓名并支付报酬。

被告A市教育局曾将被告某甲美术出版社出版的严某主编的《A市美术乡土教材（小学高年级版）》列入小学教学用书目录，作为A市小学高年级学生用书，由相应年级学生购买，后因国家教育部等有关部门发出清理整顿中小学教材的编写、出版、发行的通知，被告A市教育局未再将被告某甲美术出版社第三次印刷的72993册该教材列入小学教学用书目录。

讨论问题：（1）本案中原告丁某的作品究竟是著作权法上规定的个人作品抑或法人作品，还是职务作品？

（2）著作权法上规定的“教科书”与一般意义的“教材”有什么区别？

(3)《A市美术乡土教材（小学高年级版）》使用原告丁某的摄影作品“街上红灯闹”，是否属于著作权法上规定的法定许可使用？

(4)被告某甲美术出版社是否承担责任？承担何种责任？依据何在？

五、实验过程

环节一：实验前准备

步骤1：分发案件材料。

步骤2：查阅相关法规和判例。

步骤3：布置参考书目。

环节二：分析论证

步骤1：各方陈述观点与理由。

步骤2：双方辩论。

步骤3：总结陈词。

环节三：总结评析

步骤1：老师对双方表现进行评价。

步骤2：老师对案件的关键点进行点评。

步骤3：老师对各方的总结陈词进行点评。

环节四：案后沉思

步骤1：老师提出需要深思的问题，启发同学们进一步思考。

步骤2：要求同学们撰写案例分析报告。

六、拓展思考

1. 专利权的保护范围到底该如何确定？是否存在专利部分侵权问题？
2. 在先使用对服务商标专有权的影响？

实验五　担保法律问题

一、实验目标

担保在经济活动中普遍存在，有关担保的法律纠纷经常发生。判断担保人是否承担责任，首先，要判断担保是否成立，这涉及担保物是否符合法律规定，担保合同是否有效等；其次，要看担保人承担责任是否超过担保期限；再次，看被担保的债务是否存在瑕疵，该瑕疵对担保责任的承担是否有影响。通过本次实验，能够掌握承担担保责任的判断方法以及总结在银行实务中如何设计担保条款，以确保债权的实现。

二、实验要求

（1）掌握担保合同的成立与生效要件；（2）明确超额担保的法律效果；（3）理解担保人免责事由的适用。

三、实验原理

抵押是指抵押人（债务人或第三人）不转移标的物财产的占有而以该财产为自己或他人的债务提供担保，在债务人不履行到期债务或者发生当事人约定的实现抵押权的情形时，债权人有权以抵押物折价清偿抵押担保的债权，或者对抵押物进行变价而以变价的价款优先受偿的一种担保方式。判断抵押合同是否有效，非常关键的一点就是抵押物是否符合法律规定的要求。为了保护社会公共利益，我国《物权法》第184条规定下列财产不得抵押：（1）土地所有权。（2）耕地、宅基地、自留地、自留山等集体所有的土地使用权，但法律规定可以抵押的除外。这一限制是为了保护耕地、保障农业生产和农村秩序的稳定。但经发包人同意，抵押人可以依法承包的荒山、荒沟、荒丘、荒滩等荒地的土地使用权抵押，乡（镇）、村企业以厂房等建筑物进行抵押的，其占用范围内的土地使用权同时抵押。此外，最高人民法院《关于适用〈中华人民共和国担保法〉若干问题的解释》（以下简称《担保法司法解释》）第52条规定，当事人以农作物和逾期尚未分离的土地使用权同时抵押的，土地使用权部分的抵押无效。(3) 学校、幼儿园、医院等以公益为目的的事业单位，社会团体的教育设施、医疗卫生设施和其他社会公益设施。(4) 所有权、使用权不明或者有争议的财产。(5) 依法被查封、扣押、监管的财产。(6) 法律、行政法规规定不得抵押的财产。比如不能转让的珍贵文物、采矿权等。

抵押权的行使是否受被担保债权诉讼时效效力的支配。大陆法系民法大多对此持否定意见。我国《物权法》第 202 条规定：抵押权人应当在主债权诉讼时效期间行使抵押权，未行使的，人民法院不予保护。该规定改变了《担保法司法解释》第 12 条关于抵押权行使期限的规定。《担保法司法解释》第 12 条规定：当事人约定的或者登记部门要求登记的担保期间，对担保物权的存续不具有法律约束力。担保物权所担保的债权的诉讼时效结束后，担保权人在诉讼时效结束后的两年内行使担保物权的，人民法院应当予以支持。从上述规定可以看出，抵押权人行使抵押权的期限由原来的主债权履行期限届满 4 年内缩短为 2 年内。抵押权除因抵押权行使期限届满而消灭外，还因下列原因而消灭：(1) 被担保债权的消灭；(2) 抵押物的灭失；(3) 未经抵押权人同意转让债务；(4) 抵押权的实现。

四、实验材料

(一) 法条材料

1. 《担保法》

第 33 条　本法所称抵押，是指债务人或者第三人不转移对本法第三十四条所列财产的占有，将该财产作为债权的担保。债务人不履行债务时，债权人有权依照本法规定以该财产折价或者以拍卖、变卖该财产的价款优先受偿。

前款规定的债务人或者第三人为抵押人，债权人为抵押权人，提供担保的财产为抵押物。

第 34 条　下列财产可以抵押：

(一) 抵押人所有的房屋和其他地上定着物；

(二) 抵押人所有的机器、交通运输工具和其他财产；

(三) 抵押人依法有权处分的国有的土地使用权、房屋和其他地上定着物；

(四) 抵押人依法有权处分的国有的机器、交通运输工具和其他财产；

(五) 抵押人依法承包并经发包方同意抵押的荒山、荒沟、荒丘、荒滩等荒地的土地使用权；

（六）依法可以抵押的其他财产。

抵押人可以将前款所列财产一并抵押。

第35条　抵押人所担保的债权不得超出其抵押物的价值。

财产抵押后，该财产的价值大于所担保债权的余额部分，可以再次抵押，但不得超出其余额部分。

第36条　以依法取得的国有土地上的房屋抵押的，该房屋占用范围内的国有土地使用权同时抵押。

以出让方式取得的国有土地使用权抵押的，应当将抵押时该国有土地上的房屋同时抵押。

乡（镇）、村企业的土地使用权不得单独抵押。以乡（镇）、村企业的厂房等建筑物抵押的，其占用范围内的土地使用权同时抵押。

第37条　下列财产不得抵押：

（一）土地所有权；

（二）耕地、宅基地、自留地、自留山等集体所有的土地使用权，但本法第三十四条第（五）项、第三十六条第三款规定的除外；

（三）学校、幼儿园、医院等以公益为目的的事业单位、社会团体的教育设施、医疗卫生设施和其他社会公益设施；

（四）所有权、使用权不明或者有争议的财产；

（五）依法被查封、扣押、监管的财产；

（六）依法不得抵押的其他财产。

2. 最高人民法院《关于适用〈中华人民共和国担保法〉若干问题的解释》

第7条　主合同有效而担保合同无效，债权人无过错的，担保人与债务人对主合同债权人的经济损失，承担连带赔偿责任；债权人、担保人有过错的，担保人承担民事责任的部分，不应超过债务人不能清偿部分的1/2。

第8条　主合同无效而导致担保合同无效，担保人无过错的，担保人不承担民事责任；担保人有过错的，担保人承担民事责任的部分，不应超过债务人不能清偿部分的1/3。

第9条　担保人因无效担保合同向债权人承担赔偿责任后，可以向债务人追偿，或者在承担赔偿责任的范围内，要求有过错的反担保人承担赔偿责任。

第12条　当事人约定的或者登记部门要求登记的担保期间，对担保物权的存续不具有法律约束力。

担保物权所担保的债权的诉讼时效结束后，担保权人在诉讼时效结束后的

2 年内行使担保物权的，人民法院应当予以支持。

第 50 条　以担保法第三十四条第一款所列财产一并抵押的，抵押财产的范围应当以登记的财产为准。抵押财产的价值在抵押权实现时予以确定。

第 51 条　抵押人所担保的债权超出其抵押物价值的，超出的部分不具有优先受偿的效力。

第 52 条　当事人以农作物和与其尚未分离的土地使用权同时抵押的，土地使用权部分的抵押无效。

第 53 条　学校、幼儿园、医院等以公益为目的的事业单位、社会团体，以其教育设施、医疗卫生设施和其他社会公益设施以外的财产为自身债务设定抵押的，人民法院可以认定抵押有效。

第 54 条　按份共有人以其共有财产中享有的份额设定抵押的，抵押有效。

共同共有人以其共有财产设定抵押，未经其他共有人的同意，抵押无效。但是，其他共有人知道或者应当知道而未提出异议的视为同意，抵押有效。

3. 《物权法》

第 176 条　被担保的债权既有物的担保又有人的担保的，债务人不履行到期债务或者发生当事人约定的实现担保物权的情形，债权人应当按照约定实现债权；没有约定或者约定不明确，债务人自己提供物的担保的，债权人应当先就该物的担保实现债权；第三人提供物的担保的，债权人可以就物的担保实现债权，也可以要求保证人承担保证责任。提供担保的第三人承担担保责任后，有权向债务人追偿。

第 202 条　抵押权人应当在主债权诉讼时效期间行使抵押权；未行使的，人民法院不予保护。

（二）案例材料①

2003 年 3 月 16 日，粮油公司与中国银行 A 省分行（以下简称 A 省中行）签订了《人民币借款合同》一份，约定粮油公司向 A 省中行借款 2560 万元，借款期限 12 个月，借款用途为借新还旧，借款利率为年利率 5.31%，由中转冷库提供抵押担保。如粮油公司未按约定期限还款，逾期部分按每日万分之 2.1 计收利息。逾期利率遇利率调整分段计息。同日，中转冷库与 A 省中行签订了《抵押合同》一份，中转冷库以其 44.466 亩土地使用权作价 4106.55 万元为粮油公司 2560 万元借款提供抵押担保。抵押合同第 2 条约定，借款合同双方协议变更合同内容的，除增加借款金

① 案例来源于《最高人民法院公报》2009 年第 12 期，第 33 页。

额之外，无须征得抵押人的同意，抵押人应按照变更后的债权范围承担担保责任。借款合同双方未经抵押人同意而增加借款金额的，抵押人仍在原借款金额内承担保证责任。抵押权人将借款合同项下的债权转让给第三人的，抵押物继续担保，该债权优先受偿。同年3月17日，A省中行向粮油公司发放贷款2560万元，粮油公司清偿了在A省中行的旧贷款。2003年3月28日，市国土资源和房屋管理局就中转冷库同意继续用土地及地面建筑物进行贷款抵押的致函作了批复，该批复称：根据《城市房地产管理法》及建设部《城市房地产抵押管理办法》的规定，经研究，同意中转冷库以位于未央区辛家庙的两处土地使用权在中国银行A省分行设定抵押，为粮油食品进出口公司提供担保，贷款2560万元整，抵押期限为自登记之日起12个月，抵押证件为未国用（2000）字第979号、未国用（2001）字第299号国有土地使用证。根据有关规定，在抵押期间，未经抵押权人同意，土地使用权及地上建筑物、附着物所有权不得转让。

2004年6月25日，A省中行与B公司签订《债权转让协议》，A省中行将其对粮油公司享有的2560万债权及从权利转让给了B公司。同年11月10日，A省中行和B公司在报纸上刊登“债权转让暨催收公告”，向粮油公司通知了债权转让的事宜，同时受让人B公司向粮油公司主张了权利。2006年6月18日，B公司又在报纸上刊登公告，向粮油公司主张权利。

原审法院另查明，中转冷库提供的44.466亩国有划拨土地使用权抵押中，有13.265亩为中转冷库的福利区，即职工住宅区。该宗土地使用证号为未国用（2000）字第979号。

粮油公司与中转冷库未履行还款义务，B公司向A省高级人民法院提起诉讼，请求判令粮油公司清偿借款本金2560万元及利息7046315.64元（计算至2006年9月20日），中转冷库对上述借款本息承担担保责任，B公司对中转冷库提供的抵押物处置价款优先受偿，粮油公司与中转冷库承担诉讼费用。

另有证据证明：中转冷库的职工住宅楼，其中46户职工持有市房产管理局颁发的《房屋所有权证》，填发日期部分为2001年5月21日，部分为5月22日，房产所有权证中房屋分层分户平面图下标时间为2001年5月9日。中转冷库与A省中行签订的抵押合同第5条“抵押财产”中约定：“抵押财产净值为人民币4106.55万元，有关情况详见抵押财产清单”，该合同所附抵押财产清单中载明“抵押财产名称”为“土地、房产”。市房屋管理局2008年7月18日出具《关于A省粮油食品进出口公司中转冷库土地权抵押登记的复函》载明：经核实，粮油食品进出口公司中转冷库未国用（2000）字第979号、未国用（2001）字第299号国有土地使用证，在我局办理过抵押登记手续，初次登记时间为2001年3月6日，展期登记时间为2003年3月28日。以上两块土地证载用途为仓储用地。在2002年机构改革以前，市房产局与市土地局都有土地使用权抵押登记业务。市房产局办理抵押登记时，暂存土地使用证原件，直至抵押登记注销。机构改革以后，两局合并，经局领导研究，两局合并之前原房产局办理的抵押登记业务，作为遗留问题，由产权市场处办理展期和注销登记。按照该决定，两局合并以后，市场处办理的抵押登记业务都是原来的遗留问题，登记备案证明抄送地籍地政处、房地产交易管理中心和房屋产权产籍管理中心。2005年机构改革后，两局分设，该遗留问题仍由我局办理。粮油食品进出口公司中转冷库所建房屋产权登记总共有三处，其中两处为职工住宅，证号为1150112018-15-19、1150112018-15-3，已房改分户，发证日期为1998年9月；一处为办公，证号为1150112018-15-2，发证日期为1998年9月，提交的土地证为：未国用（95）字1321#、1322#。三处房产登记均看不出与未国用（2000）字第979号土地证有关联。市国土资源局所存未国用（2000）字第979号土地档案中土地登记审批表显示该宗土地“申报建筑物权属”为“本单位所有”，“建筑物类型”为“平房、楼房”，“土地用途”为“仓储”，并载明该宗地由省粮油食品进出口公司中转冷库使用，持有未国用（1995）字第1321号《国有土地使用证》，证载土地面积为11236.59平方米。经未央区土地局地籍调查，土地面积为13.265亩，用途为住宅。注销原颁发的未国用（1995）字第1321号《国有土地使用证》。同意换发新证。

一审法院认为：粮油公司与A省中行签订的《人民币借款合同》及A省中行与B公司签订的《债权转让协议》，系各方当事人的真实意思表示，且不违反法律、行政法规强制性规定，应为有效。粮油公司未按合同约定履行还款义务，已构成违约，依法应承担相应的民事责任。中转冷库与A省中行签订的《抵押合同》，除中转冷库提供的未国用（2000）字第979号土地使用证项下的13.265亩土地使用权因存在争议而违反了《担保法》第37条第1款第（4）项关于“所有权、使用权不明或者有争议的财产不得抵押”的规定无效外，其余部分符合《担保法》第34条第1款第（3）项“抵押人依法有权处分的国有土地使用权、房屋和其他地上定着物可以抵押”的规定，应为有效。中转冷库应按抵押合同中有效部分的约定，对粮油公司所欠债务依法承担抵押担保责任。造成部分抵押无效，因A省中行和中转冷库均有过错，根据最高人民法院《关于适用〈中华人民共和国担保法〉若干问题的解释》第7条，“主合同有效而担保合同无效，债权人无过错的，担保人与债务人对主合同债权人的经济损失，承担连带赔偿责任；债权人、担保人有过错的，担保人承担民事责任的部分，不应超过债务人不能清偿部分的1/2”的规定，抵押人中转冷库在抵押权人B公司对有效抵押部分实现抵押权后，对粮油公司仍不能清偿的部分承担1/3的赔偿责任。根据本案查明的事实，粮油公司2560万元的借款期限届满日为2004年3月16日，诉讼时效的届满日为2006年3月16日。B公司受让该债权后，分别于2004年11月10日、2006年6月18日在报纸刊登催收公告，向粮油公司主张了权利，依据最高人民法院《关于审理涉及金融资产管理公司收购、管理、处置国有银行不良贷款形成的资产的案件适用法律若干问题的规定》第10条，“原债权银行在全国或省级有影响的报纸上发布的债权转让公告或通知中有催收债务内容的，该公告或通知可以作为诉讼时效中断的证据”的规定，本案借款的诉讼时效因债权人B公司主张权利发生中断，故粮油公司关于本案借款已过诉讼时效的抗辩理由不能成立。本案借款虽系借新还旧，但根据2003年3月28日，市国土资源和房屋管理局给中转冷库《关于房地产抵押登记展期的批复》证明，中转冷库持有粮油公司与A省中行签订的2003年“借新还旧”的借款合同，由此证明其知道本案借款系“借新还旧”，故中转冷库辩称其不知道本案借款系“借新还旧”与事实不符，其主张抵押担保无效，应免除其担保责任的理由不能成立。市国土资源和房屋管理局给中转冷库抵押登记展期的批复中载明抵押期限自登记之日起12个月，期限届满后，中转冷库再未续登，但根据最高人民法院《关于适用〈中华人民共和国担保法〉若干问题的解释》第12条第1项之规定：“当事人约定的或者登记部门要求登记的担保期间，对担保物权的存续不具有法律约束力”。故中转冷库关于抵押期限届满后未办展期，抵押无效的抗辩理由亦不能成立。本案所涉及的抵押物，除中转冷库提供的未国用（2000）字第979号土地使用证项下的13.265亩土地使用权因违反《担保法》第37条第1款第4项之规定无效外，中转冷库对未国用（2001）字第299号土地使用证项下的31.201亩土地使用权独自享有，本案抵押物不存在共有的问题，故中转冷库关于抵押担保未经共有人同意而无效的抗辩理由不能成立。其辩称本案已过诉讼时效，亦与事实不符，其抗辩理由不能成立。虽然B公司两次报纸公告没有中转冷库的名称，但根据《担保法》第52条的规定：“抵押权与其担保的债权同时存在，债权消灭的，抵押权也消灭”。因本案债权并未消灭，故B公司的抵押权依然存在。综上，中转冷库主张抵押担保无效，请求免除担保责任的理由均不能成立。根据《民法通则》第84条、第106条第1款、第108条、第140条、《合同法》第207条、《担保法》第33条、第37条第1款第4项、第41条、第52条、第53条、第57条、最高人民法院《关于适用〈中华人民共和国担保法〉若干问题的解释》第7条、最高人民法院《关于审理涉及金融资产管理公司、收购、管理、处置国有银行不良贷款形成的资产的案件运用法律若干问题的规定》第10条之规定，该院判决如下：（1）A省中行与粮油公司签订的《人民币借款合同》及A省中行与B公司签订的《债权转让协议》有效；A省中行与中转冷库签订的《抵押合同》中，除未国用（2000）字第979号土地证项下的13.265亩土地使用权抵押无效外，其余部分有效；（2）粮油公司在本判决生效后10日内向B公司偿还借款本金2560万人民币及利息（借款合同期内的利息按照借款合同约定的利率计付，逾期部分的利息按照中国人民银行规定的同期逾期罚息计算标准计付至给付之日）；（3）粮油公司不履行上述给付义务时，B公司有权就中转冷库提供的抵押物未国用（2001）字第299号土地使用证项下的31.201亩土地使用权折价或者以拍卖、变卖该财产的价款优先受偿；（4）上述2、3项给付义务执行完毕后，如B公司仍有部分债权未受清偿，中转冷库对粮油公司不能清偿的部分承担1/3的赔偿责任。（5）中转冷库履行担保义务后，有权向粮油公司追偿。如果未按本判决指定的期间履行给付金钱义务，应当依照《民事诉讼法》第232条之规定，加倍支付迟延履行期间的债务利息。案件受理费86621元，保全费81616元，由粮油公司承担。

五、实验过程

环节一：诉前准备

步骤1：将参加实验课程的学生按照本案所涉当事方分为若干小组。

步骤2：按照分组分发相应的实验材料。

步骤3：初步判定案件性质。

步骤 4：查阅有关法规、相关案例。

步骤 5：总结本案所涉争议焦点。

（1）抵押合同是否有效？

（2）主合同“借新还旧”对抵押权的影响？

（3）主债权是否超过诉讼时效？抵押权是否超过权利行使期限？

（4）“房随地走”、“地随房走”原则在该案中如何运用？

步骤 6：与当事人交换意见，听取当事人的想法，征得当事人的同意。

环节二：进入一审诉讼程序

步骤 1：起草民事上诉状并附证据目录。

步骤 2：起草民事答辩状并附证据目录。

步骤 3：组织双方庭前质证并提交书面质证意见。

环节三：进入庭审程序

步骤 1：法庭调查。

步骤 2：法庭辩论。

步骤 3：法庭陈述总结陈词并提交代理词。

步骤 4：合议下达判决书。

环节四：进入二审诉讼程序

步骤 1：以 B 公司的名义提出上诉请求。

步骤 2：以粮油公司名义提出答辩状。

步骤 3：开庭审理。

步骤 4：合议下达判决书。

六、拓展思考

1. 抵押人免除担保责任的事由是否成立？

2. 本案中债权人是否应该承担责任？在多大范围内承担责任？其依据是什么？

七、课后训练

2008 年 6 月，甲公司向乙建设银行贷款 800 万元，丙公司以其价值 1000 万元的房屋作抵押，为该笔贷款提供担保，丁公司作为该笔贷款的保证人，也在保证合同上签字画押。四方约定贷款期限为 2 年。同年 12 月，丙公司将该幢房屋向某商业保险公司投保了火灾保险，保险金额 800 万元。2009 年 4 月，丙公司以该保险单作质押，向某工商银行借款 500 万元，借款期限为 1 年。

2009年6月，丙公司之邻居戊公司由于电线老化引起火灾，殃及丙公司之房屋，抵押房屋被烧毁。

问题：1. 甲公司到期不履行还款义务时，乙建设银行能否直接要求丁公司偿还？丙公司与丁公司之间担保关系如何处理？

2. 甲公司的房屋价值1000万元，其能否以房屋作抵押，在从乙建设银行获得800万元贷款的同时，又以保险单作质押，再从某工商银行获得贷款500万元？

3. 甲公司房屋被烧毁，乙建设银行之抵押权是否消灭？

实验六　买卖合同纠纷的处理

一、实验目标

本实验介绍买卖合同。内容包括：买卖合同的概念与特征；买卖合同的种类；出卖人义务，买受人义务；买卖合同的风险负担。

二、实验要求

了解：买卖合同的概念与特征；理解：买卖合同的分类标准；掌握：买卖合同双方的权利和义务。

三、实验原理

（一）买卖合同的概念和特征

买卖合同，是指当事人双方约定一方交付标的物并转移所有权于他方，他方受领标的物并支付价款的合同。在买卖合同中，交付标的物并转移所有权的一方为出卖人，受领标的物并支付价款的一方为买受人。与其他合同相比，买卖合同具有以下几个特征：

1. 买卖合同是双务合同。买卖合同双方当事人既享有权利又承担义务，且买卖合同双方的权利义务互为对价，构成双务合同。

2. 买卖合同是有偿合同。在买卖合同中，双方当事人为享受权利而必须偿付一定的代价，即出卖人须转移标的物的财产所有权于买受人，买受人须向出卖人支付价款。

3. 买卖合同是诺成合同。买卖合同的成立不以当事人交付标的物为要件，双方意思表示一致，合同即告成立，因而是诺成合同。

4. 买卖合同多为不要式合同。实践中，买卖合同大量发生，是市场交易的一种主要形式。在通常情况下，买卖合同的成立、生效、有效并不需要具备一定的形式和批准手续，但在法律特别规定的情况下除外。

（二）买卖合同的种类

1. 即时买卖与非即时买卖。

依据买卖合同的给付时间可以将其划分为即时买卖合同与非即时买卖合同。即时买卖是在买卖合同成立时即刻为给付并清偿完结的买卖，最为典型的是一手交钱一手交货的买卖。非即时买卖则是当事人一方不在合同成立时即为给付的买卖。这种买卖形式，基于买卖双方之间的相互信任，实现了双方给付标的物在空间和时间上的分离，加速了交易的进行。在实践中，常见的非即时买卖主要包括：赊销买卖，其又称信用买卖，是指出卖人先移转财产所有权归买受人，日后由买受人支付价款的买卖；预约买卖，又称预购，是指出卖人先收受价款，日后转移财产所有权的买卖；分期付款买卖，是指出卖人在合同成立时一次交付标的物于买受人，买受人应分期支付价金的买卖。

2. 竞争买卖与自由买卖。

依据买卖合同订立程序的不同，可将其划分为竞争买卖与自由买卖。竞争买卖是指出卖人向多数人为要约邀请，应买人竞争出价，以报价最高者为要约，并与之成交的买卖。拍卖是竞争买卖的典型形式。自由买卖的要约承诺都按照合同的一般规则进行。

3. 一般买卖与特种买卖。

依据买卖合同的订立程序、成立、生效要件是否采用特殊规则为标准可以将买卖合同划分为一般买卖与特种买卖。在实践中，特种买卖有多种形式，主要包括拍卖、货样买卖、实验买卖、招标投标买卖等。除特种买卖之外的其他买卖为一般买卖。

（三）出卖人的义务

买卖合同是双务合同，合同双方既享受权利又要履行义务。出卖人的主要义务包括以下两个方面。

1. 交付标的物并转移标的物所有权于买受人的义务。

出卖人在交付标的物时应注意以下事项：第一，按照约定时间交付标的物。合同约定交付时间的，出卖人可以在该交付时间内的任何时间交付，但应当在交付前通知买受人。未约定交付时间或者约定不明确的，可由当事人事后达成补充协议确定。仍不能确定的，债务人可以随时履行。第二，按照约定的地点交付标的物。双方未约定交付标的物的地点时，应当依据合同法规定的交付地点确定规则判断交付地点。第三，按照约定的质量交付标的物。出卖人提供标的物样品或者标的物的质量有说明的，应按照说明办理。没有约定或者约定不明的，双方可以事后以补充协议的方式明确。补充协议无法达成一致的，按照相关的国家和行业标准确定。第四，按照约定的交付方式交付标的物。具体而言，包括标的物的包装方式、运输工具、运输路线的选择等都要依据约定执行。如果没有约定或者约定不明的，应当按照经济合理的方式进行，维护双方合法权益。

2. 出卖人应承担瑕疵担保义务。

出卖人的瑕疵担保义务包括标的物的权利瑕疵担保义务和标的物的品质瑕疵担保义务。

标的物的权利瑕疵担保义务，指出卖人就其所移转的标的物担保不受他人追夺以及不存在未告知权利负担的义务。标的物的权利瑕疵表现为该标的物上负担着第三人的权利。其构成要件包括：权利瑕疵原因须于买卖合同订立时已存在；权利瑕疵须于合同履行之前仍存在；须买受人在订立合同时不知道或不应当知道有权利瑕疵；须买卖合同双方未有特约；须法律没有特殊之规定。

标的物的品质瑕疵担保义务，又称物的瑕疵担保责任，是指出卖人就其所交付的标的物欠缺约定或者法定品质须负担的责任。标的物的品质瑕疵可以分为表面瑕疵和隐蔽瑕疵，前者仅需一般经验即能发现，后者需要借助专业的仪器检测。其构成要件为：物的瑕疵须于危险负担转移时尚存在；买受人须不知瑕疵且无重大过失；买受人就受领之物为检查通知。

（四）买受人的义务

买受人的主要义务包括给付价款和受领标的物。

1. 给付价款的义务。

买受人在给付价款时应当按照双方约定的价款数额、支付价款的时间、支付价款的地点等向出卖人给付价款。双方没有约定或者约定不明的可以事后达成补充协议。无法达成协议的，买受人要按照合同法规定的价款给付规则给付价款。

2. 受领标的物的义务。

请求交付标的物一般被认为是买受人的权利，买受人只有在受领标的物时方能实现自己的权利。但在交易实践中，有时买受人处于自身利益的考虑，如市场供求变化、标的物保管成本增加等原因，而不愿意及时受领标的物，从而影响到出卖人的利益，此时受领标的物便成为买受人的一项义务。出卖人不按照合同约定条件交付标的物的，买受人有权拒收，但在出卖人没有临时保管条件时，买受人有暂时保管义务，并应立即通知出卖人收回和补交标的物。

（五）风险负担

风险，又称危险，是指不可归责于双方当事人的事由致使标的物可能遭受的毁损、灭失而导致的价金风险。风险具有不确定性、不可归责性和不利益性等特征。风险负担，是指买卖合同成立后，因不可归责于双方当事人的事由致使标的物毁损或灭失时应由何人承担租金风险的问题。标的物毁损、灭失的风险，在标的物交付之前由出卖人承担，交付之后由买受人承担，但法律另有规定或者当事人另有约定的除外。我国合同法对特殊情形下的风险负担都作出了明确的规定。

四、实验材料

（一）法条材料

1.《合同法》

第44条 依法成立的合同，自成立时生效。

法律、行政法规规定应当办理批准、登记等手续生效的，依照其规定。

第52条 有下列情形之一的，合同无效：

（一）一方以欺诈、胁迫的手段订立合同，损害国家利益；

（二）恶意串通，损害国家、集体或者第三人利益；

（三）以合法形式掩盖非法目的；

（四）损害社会公共利益；

（五）违反法律、行政法规的强制性规定。

第132条 出卖的标的物，应当属于出卖人所有或者出卖人有权处分。

法律、行政法规禁止或者限制转让的标的物，依照其规定。

第133条 标的物的所有权自标的物交付时起转移，但法律另有规定或者当事人另有约定的除外。

2.《物权法》

第9条 不动产物权的设立、变更、转让和消灭，经依法登记，发生效力；未经登记，不发生效力，但法律另有规定的除外。

（二）案例材料

原告耿某与周某自1996年始有债权债务往来，周某欠原告债务6万多元，为此双方曾于1996年诉至法院经调解达成一致还款意见。1998年12月10日，原告实际以14万元的价格向周某购得属其所有的坐落在市区的商品房一套，由周某出具了14万元的收条给原告。双方为少缴房产税费于1998年12月14日签订了房地产买卖契约一份，该契约载明：周某将其坐落在市区的房屋一套以6万元的价格卖给耿某。当日，双方到市房产管理局交纳了房产交易税及房产契税并办理了上述房屋的所有权证。

至此，原告取得了该房屋的所有权。此间，1997 年至 1998 年 12 月 10 日，周某隐瞒与原告交易的事实又与被告于某交易该房，并从被告处 9 次取得房款计 12.8 万元，于 1998 年 12 月 10 日将该房钥匙交给被告（原告取得产权证后实际一直未入住），被告一直居住至今。后原告向周某索要债务时发现被告占居该房，与其协商退房未果后于 2001 年 12 月诉至法院。审理中，被告对原告当庭递交的周某出具给原告 14 万元房款的收条及载有原告所有权的产权证等证据真实性无异议，其提出原告与周某的买卖在后，属恶意串通的民事行为，应认定为无效，故拒不搬出该房，其与原告协商未果，原告诉至法院。①

五、实验过程

步骤一：从分析材料，理清本案当事人关系开始，进而寻找争议焦点。

首先，本案有两个法律关系，即原告与周某之间的房屋买卖关系及被告与周某之间的房屋买卖关系。其次，本案的争议焦点有两个：一是两份房屋买卖合同的效力，是否均为有效合同；二是被告是否取得房屋所有权，以及该所有权能否对抗被告的抗辩。下面就两个焦点分别展开分析，进而得出各自结论。

步骤二：解决焦点一。

本案是多重买卖的典型形式。在审判实践中，对此类案件有较大的分歧。有观点认为，因出卖人违反诚实信用原则，因此成立的买卖合同是无效合同。最高人民法院的相关司法解释则认为此类合同有效，原因在于，买卖合同是在买卖双方之间产生的债权债务关系，债权原则上并无对抗第三人的效力，因此，在发生多重买卖的情形时，除非存在《合同法》第 52 条规定的合同无效的情形，各个买卖合同均为有效。

步骤三：解决焦点二。

在多个合同均为有效的前提下，标的物的所有权只能由一个买受人取得。我国《物权法》第 9 条规定：不动产物权的设立、变更、转让和消灭，经依法登记，发生效力；未经登记，不发生效力，但法律另有规定的除外。因此，先完成登记的买受人取得标的物的所有权，对于被告来说，并不能对抗原告的所有权。

① 案例来源于 http：//www.110.com/ziliao/article-43595.html。

六、拓展思考

1. 试分析买卖合同效力与标的物所有权转移之间的关系。

2. 本案中，若被告败诉，其损失应由谁承担？

七、课后训练

1. 某酒店客房内备有零食、酒水供房客选用，价格明显高于市场同类商品。房客关某缺乏住店经验，又未留意标价单，误认为系酒店免费提供而饮用了一瓶洋酒。结账时酒店欲按标价收费，关某拒付。下列哪一选项是正确的？（　）

A. 关某应按标价付款　　B. 关某应按市价付款

C. 关某不应付款　　D. 关某应按标价的一半付款

2. 甲、乙结婚后购得房屋一套，仅以甲的名义进行了登记。后甲、乙感情不和，甲擅自将房屋以时价出售给不知情的丙，并办理了房屋所有权变更登记手续。对此，下列哪一选项是正确的？（　）

A. 买卖合同有效，房屋所有权未转移

B. 买卖合同无效，房屋所有权已转移

C. 买卖合同有效，房屋所有权已转移

D. 买卖合同无效，房屋所有权未转移

3. 甲打算卖房，问乙是否愿买，乙一向迷信，就跟甲说："如果明天早上7点你家屋顶上来了喜鹊，我就出10万块钱买你的房子。"甲同意。乙回家后非常后悔。第二天早上7点差几分时，恰有一群喜鹊停在甲家的屋顶上，乙正要将喜鹊赶走，甲不知情的儿子拿起弹弓把喜鹊打跑了，至7点再无喜鹊飞来。关于甲乙之间的房屋买卖合同，下列哪一选项是正确的？（　）

A 合同尚未成立　　B. 合同无效

C. 乙有权拒绝履行该合同　　D. 乙应当履行该合同

4. 案例分析

个体户张某、王某二人于1999年10月1日从汽车交易中心购得一辆"东风"牌二手卡车，，共同从事长途货物的运输业务。二人各出资人民币3万元。同年12月，张某驾驶这辆汽车外出联系业务时，遇到李某，李某表示愿意出资人民币8万元购买此车，张某随即将车卖给了李某，并办理了过户手续，事后，张某把卖车一事告知王某，王某要求分得一半款项。李某买到此车后，于同年年底又将这辆卡车以人民币9万元卖给赵某。二人约定，买卖合同签订时，卡车即归赵某所有，赵某将车租给李某使用，租期为1年，租金人民币1万元，二人签订协议后，到有关部门办理了登记过户手续。赵某把车租赁给李某使用期间，由于运输缺乏货源，于是李某准备自己备货，因缺乏资金遂向银行贷款人民币5万元，李某把那辆卡车作为抵押物，设定了抵押，双方签订了抵押协议，但没有进行抵押登记。次年11月赵某把该车以人民币10万元的价格卖给了钱某。12月赵某以租期届满为由，要求李某归还卡车，李某得知赵某把车卖给钱某，遂不愿归还卡车，主张以人民币9万元买回此车，赵某不允，遂生纠纷。

请思考以下问题：

1. 张某、李某的汽车买卖合同是否有效？为什么？

2. 李某、赵某约定买卖合同签订时，卡车即归赵某所有，该约定是否有效？为什么？

3. 李某主张买回卡车的主张能否得到支持？为什么？

4. 截至纠纷发生时，该卡车所有权归谁享有？为什么？

实验七 合同的解除

一、实验目标

合同的解除是合同终止的方式之一，通过本实验了解合同解除的条件以及合同解除的程序，进一步理解解除权的形成权性质。

二、实验要求

(1) 掌握合同解除的条件；(2) 理解解除权的性质；(3) 熟悉解除权的行使程序与要求；(4) 了解合同解除的法律后果。

三、实验原理

合同解除是指合同有效成立后，没有履行或者完全履行前，当约定的或法定的解除条件具备时，因享有解除权一方的意思表示，使合同关系除法律另有规定者外溯及地消灭。合同解除具有下列特征：第一，合同解除必须以有效合同为对象，如果合同本身不成立或存在无效事由，则不发生合同解除的问题。第二，合同解除必须具备解除的条件。要么符合法定解除的条件；要么满足约定解除的情形。第三，合同解除必须有享有解除权人的解除行为。也就是说，当法定解除条件或者约定解除条件成就时，并不当然发生合同解除的法律后果，必须由享有解除权的人向对方实施解除合同的意思表示并送达对方。第四，合同解除的效果是使得合同关系消灭。根据我国《合同法》第94条的规定，法定解除权发生的原因主要有：(1) 因不可抗力致使不能实现合同目的；(2) 在履行期限届满之前，当事人一方明确表示或者以自己的行为表明不履行主要债务；(3) 当事人一方迟延履行主要债务，经催告后在合理期限内仍未履行；(4) 当事人一方迟延履行债务或者有其他违约行为致使不能实现合同目的；(5) 法律规定的其他情形。约定解除权的产生则基于双方当事人的约定，而不是单方所能够决定的，这种约定既可以在订立合同时予以约定，也可以在订立合同后另行约定，在同一当事人间，法定解除权与约定解除权可以并存，当事人也可以约定改变或排除法定解除权。由于解除权是一种形成权，因此我国《合同法》第96条规定，解除权人主张解除合同的，应当通知对方，合同自通知到达对方时解除。对方有异议的，可以请求人民法院或者仲裁机构确认解除合同的效力。法律、行政法规规定解除合同应当办理批准、登记等手续的，依照其规定。

四、实验材料

（一）法条材料

1.《合同法》

第92条　合同的权利义务终止后，当事人应当遵循诚实信用原则，根据交易习惯履行通知、协助、保密等义务。

第93条　当事人协商一致，可以解除合同。

当事人可以约定一方解除合同的条件。解除合同的条件成就时，解除权人可以解除合同。

第94条　有下列情形之一的，当事人可以解除合同：

（一）因不可抗力致使不能实现合同目的；

（二）在履行期限届满之前，当事人一方明确表示或者以自己的行为表明不履行主要债务；

（三）当事人一方迟延履行主要债务，经催告后在合理期限内仍未履行；

（四）当事人一方迟延履行债务或者有其他违约行为致使不能实现合同目的；

（五）法律规定的其他情形。

第95条　法律规定或者当事人约定解除权行使期限，期限届满当事人不行使的，该权利消灭。

法律没有规定或者当事人没有约定解除权行使期限，经对方催告后在合理期限内不行使的，该权利消灭。

第96条　当事人一方依照本法第九十三条第二款、第九十四条的规定主张解除合同的，应当通知对方。合同自通知到达对方时解除。对方有异议的，可以请求人民法院或者仲裁机构确认解除合同的效力。

法律、行政法规规定解除合同应当办理批准、登记等手续的，依照其规定。

第97条　合同解除后，尚未履行的，终止履行；已经履行的，根据履行情况和合同性质，当事人可以要求恢复原状、采取其他补救措施，并有权要求赔偿损失。

第98条　合同的权利义务终止，不影响合同中结算和清理条款的效力。

2. 最高人民法院《关于适用〈中华人民共和国合同法〉若干问题的解释（二）》

第22条　当事人一方违反合同法第九十二条规定的义务，给对方当事人造成损失，对方当事人请求赔偿实际损失的，人民法院应当支持。

第23条　对于依照合同法第九十九条的规定可以抵销的到期债权，当事人约定不得抵销的，人民法院可以认定该约定有效。

第24条　当事人对合同法第九十六条、第九十九条规定的合同解除或者债务抵销虽有异议，但在约定的异议期限届满后才提出异议并向人民法院起诉的，人民法院不予支持；当事人没有约定异议期间，在解除合同或者债务抵销通知到达之日起3个月以后才向人民法院起诉的，人民法院不予支持。

（二）案例材料

2007年12月7日，甲公司通过自行招投标，与乙公司签订了《施工补充协议》。乙公司于2008年1月8日正式组织施工。但是乙公司承建的建筑物根据《招投标法》的规定属于强制招投标的范围，由于甲公司是自行组织招标，没有通过政府招投标机构进行，所以无法将上述甲、乙公司之间所签署的《施工补充协议》予以备案，也无法取得正常施工所必须具备的建设规划许可证和建设施工许可证，受这些证件欠缺的影响，工程也断断续续停工。2009年为了办理相关证件，也为了符合招投标法的要求，甲公司再次就该工程通过政府招投标机构进行招投标，乙公司再次中标。2009年10月21日甲公司向乙公司发出了中标通知书，要求其在发出通知之日起15个工作日内前往甲公司所在地签署《总承包合同》，但由于在此期间甲公司向乙公司发出了《总承包合同》内容变更的协商函，双方对变更内容分歧较大，未达成一致协议，《总承包合同》一直未能签署。同时由于受金融危机的影响，甲公司曾通知乙公司于2008年12月19日停工，双方就停工后的事务进行了统一安排。2009年10月21日，甲公司通知乙公司复工，乙公司也于2009年10月22日申请复工，并经监理同意决定于2009年11月1日复工。随后，乙公司对此表示否认，认为该复工申请书是应甲公司要求而提出来的，其同意复工，但复工是有前提条件的，必须对前期停工期间的损失予以确认，并对停工所造成的物价上涨予以相应的调价。而甲公司则坚持乙公司应先复工，至于停工损失问题可以相互协商。甲公司分别于2009年11月4日、2009年11月16日、

2009年12月4日向乙公司发出复工的工作联系函，乙公司均以上述问题未解决不具备复工条件为由予以拒绝。甲公司于2009年12月16日向对方发出了终止雇佣合同的函件，并于2010年1月10日发出了退场的指令，乙公司对此没有作出任何回应。由于乙公司既不复工也不退场，甲公司于2010年3月根据双方的约定向仲裁机构提出仲裁请求。

另查明：(1) 甲公司所拥有的该项目是通过受让丙公司股权而得来的，在受让该股权时，甲公司、乙公司与丙公司签署了一个三方协议，丙公司与乙公司之间的债权债务由甲公司承受，丙公司所欠乙公司5300万元的工程款由甲公司分期偿还。

(2) 甲公司分次支付给乙公司的工程款总计9200多万元，甲公司认为乙公司实际施工的工程量是5000多万元，乙公司自己认为其实际施工的工程量超过了甲公司所支付的工程款，其中包括乙公司根据电力分包协议实际向电力分包商支付的2300多万元。

附录：证据材料

甲公司提供：

1. 2009年10月22日发包方发给总包方的工程复工令。

2. 2009年11月9日总包方发给发包方要求复工前解决的问题的函件；2009年11月10日总包方明确需要解决的问题的会议纪要。

3. 2009年11月12日总包方发给发包方的回函，明确表示复工与商务协商互不影响。

4. 2009年11月13日总包方发给发包方的函件，明确有关工程款及问题不解决不复工。

5. 2009年11月27日总包方发给发包方的函件，明确表示不签订补充协议不复工。

6. 2009年12月1日总包方发给发包方关于补充协议书的修改意见。

7. 2009年12月3日发包方发给总包方第二次复工的指令。

8. 2009年12月4日总包方发给发包方的函件，认为不具备开工条件。

9. 2009年11月1日复工仪式的相关资料。

10. 双方所签订的总承包合同。

乙公司提供：

1. 甲、乙、丙三公司于2005年4月13日签署的三方协议：丙公司将其股权转让给甲公司，甲公司同意承担丙公司拖欠乙公司的工程款债务共计2300多万元。

2. 2007年3月30日甲乙公司所签署的《补充协议书》，甲公司对前期工程欠款的还款时间根据工程进度所作的节点安排。

3. 2007年12月7日双方签订《补充合同文件》，甲乙双方对施工中的各项事务作出了具体安排。

4. 2008年1月5日乙公司与丁公司签署《建设工程施工分包合同(电力部分)》，乙公司向甲公司出具承诺函，保证工程质量。

5. 2008年7月1日，《工程开工报告》，乙公司于当日正式复工。

6. 2008年10月23日《工程联系函》，由于未取得《规划许可证》，施工受阻。

7. 2008年12月19日《工程联系函》，甲公司通知乙公司暂停施工，双方对施工现场及相关问题进行了协商。

8. 2009年6月，甲公司再次通过债法招标管理机构公开招标。

9. 2009年10月21日，经过公开招标，乙公司再次中标，甲公司向其发出了中标通知书，中标通知书对工程总价、工期、工程质量要求作出了列举，并要求其于2009年11月5日之前前往甲公司处签署总承包合同，否则视为弃标处理。

10. 2009年10月22日，乙公司申请复工，监理公司同意复工，并要求于2009年11月1日前正式组织复工。

11. 2009年11月7日，乙公司向甲公司发出工作联系函，请求甲公司对停工后修复工作所需费用予以确认。

12. 2009年11月9日，乙公司告知甲公司：必须按照招投标文件签署总承包合同、对降水设施修复等费用予以确认、对停工一年人机料发生价格变化予以调整、对已完工投标预算外的工程费用予以确认。只有这些问题解决了，才同意复工，否则不具备复工条件。

13. 2010年3月1日，乙公司发出工作联系函，对甲公司终止合同并退场的行为予以拒绝。

五、实验过程

(一) 列出本案基本事件发展的时间顺序

1. 2007年12月7日

2.

3.

(提示：请注意与各基本事件相关的合同是哪一个?)

(二) 诉讼思路的确定

1. 请求解除合同还是请求退场?

2. 甲公司所享有的解除权是否成立？是属于法定解除权还是约定解除权?

3. 本案究竟以哪一个合同作为确认双方权利义务的依据?

(提示：合同解除权是否成立)

(三) 撰写仲裁申请书并编制证据目录

(四) 撰写仲裁答辩状并编制证据目录

(五) 撰写反诉请求书

(六) 撰写反诉请求答辩状

(七) 开庭审理

1. 双方交换证据并提交质证意见。

2. 双方进入辩论阶段。

3. 双方总结陈词并提交代理词。

(八) 仲裁调解

1. 双方提交调解方案。

2. 组织调解。

(九) 下达仲裁裁决书

六、拓展思考

1. 请求解除合同与请求退场的利弊何在?

2. 甲公司是否构成违约？违约方是否享有合同解除权?

3. 乙公司的前期债权是否超过诉讼时效？是否可以抵消?

实验八　连带保证与一般保证

一、实验目标

通过本实验掌握连带保证与一般保证的区分标准，连带保证与一般保证中责任的承担原则以及保证期间的识别。

二、实验要求

(1) 一般保证与连带保证的区别；(2) 保证期间和诉讼时效的关系；(3) 一般保证连带保证中保证人免除保证责任的条件。

三、实验原理

根据保证人承担保证责任的性质不同，可以将保证分为一般保证与连带保证。一般保证是指保证人仅对债务人不履行债务承担补充责任的保证；连带保证是指保证人在债务人不履行债务时与债务人负连带责任的保证。保证是属于一般保证还是连带责任保证，由当事人在保证合同中约定。当保证合同对此没有约定或者约定不明确时，按连带责任保证承担保证责任。此外，依据最高人民法院《关于适用〈中华人民共和国担保法〉若干问题的解释》第 26 条、第 27 条的规定，第三人向债权人保证监督支付专款专用的，在履行完监督支付专款专用义务后，不再承担责任；未尽到监督义务导致资金流失的，应当对流失的资金承担补充赔偿责任。保证人对债务人的注册资金提供保证的，债务人的实际投资与注册资金不符，或者抽逃转移注册资金的，保证人在注册资金不足或者抽逃转移注册资金的范围内承担连带保证责任。区分连带保证与一般保证的意义在于：一般保证中，保证人享有先诉抗辩权，保证人承担的保证责任仅为补充责任。而在连带保证中，保证人不享有先诉抗辩权，保证人承担的保证责任为连带责任。但在下列情况下，一般保证就转变为连带责任保证：债务人住所变更，致使债权人要求其履行债务发生重大困难的；人民法院受理债务人破产案件，中止执行程序的；保证人放弃先诉抗辩权的。无论是一般保证还是连带保证，债权人都应在保证期限内主张权利，保证期限届满，保证人的保证责任就会免除。保证期限可以由当事人约定，也可以由法律直接规定。根据我国《担保法》第25条第1款、第26条第1款的规定，保证期限，当事人有约定的，从其约定；没有约定的，保证期限为主债务履行期限届满之日起6个月。最高人民法院《关于适用〈中华人民共和国担保法〉若干问题的解释》第32条和第33条规定，保证合同约定的保证期间早于或者等于主债务履行期限的，视为没有约定，保证期间为主债务履行期届满之日起6个月。保证合同约定保证人承担保证责任直至主债务本息还清时为止等类似内容的，视为约定不明，保证期间为主债务履行期届满之日起2年内。主合同对主债务履行期限没有约定或者约定不明的，保证期间自债权人要求债务人履行义务的宽限期届满之日起计算。由于在不同的保证方式中保证人的保证责任的性质不同，因此，因保证期限届满保证人的保证责任免除的条件也不完全相同。对于一般保证，根据《担保法》第25条第2款的规定，只有在保证期限届满，债权人在保证期限内未对债务人提起诉讼或者申请仲裁，保证人才能免责。当然，债权人申请宣告债务人破产、在破产程序中申报债权、以第三人身份参加诉讼及申请强制执行债务人的财产等，与债权人对债务人提起诉讼或者申请仲裁具有相同的意义。对于连带责任保证，根据我国《担保法》第26条第2款的规定，债权人未在保证期限内要求保证人承担保证责任，保证人免除保证责任。

四、实验材料

（一）法条材料

1.《担保法》

第16条　保证的方式有：

（一）一般保证；

（二）连带责任保证。

第17条　当事人在保证合同中约定，债务人不能履行债务时，由保证人承担保证责任的，为一般保证。

一般保证的保证人在主合同纠纷未经审判或者仲裁，并就债务人财产依法强制执行仍不能履行债务前，对债权人可以拒绝承担保证责任。

有下列情形之一的，保证人不得行使前款规定的权利：

（一）债务人住所变更，致使债权人要求其履行债务发生重大困难的；

（二）人民法院受理债务人破产案件，中止执行程序的；

（三）保证人以书面形式放弃前款规定的权利的。

第18条　当事人在保证合同中约定保证人与债务人对债务承担连带责任的，为连带责任保证。

连带责任保证的债务人在主合同规定的债务履行期届满没有履行债务的，债权人可以要求债务人履行债务，也可以要求保证人在其保证范围内承担保证责任。

第19条　当事人对保证方式没有约定或者约定不明确的，按照连带责任保证承担保证责任。

第20条　一般保证和连带责任保证的保证人享有债务人的抗辩权。债务人放弃对债务的抗辩权的，保证人仍有权抗辩。

抗辩权是指债权人行使债权时，债务人根据法定事由，对抗债权人行使请求权的权利。

2. 最高人民法院《关于适用〈中华人民共和国担保法〉若干问题的解释》

第26条　第三人向债权人保证监督支付专款专用的，在履行了监督支付专款专用的义务后，不再承担责任。未尽监督义务造成资金流失的，应当对流失的资金承担补充赔偿责任。

第27条　保证人对债务人的注册资金提供保证的，债务人的实际投资与注册资金不符，或者抽逃转移注册资金的，保证人在注册资金不足或者抽逃转移注册资金的范围内承担连带保证责任。

第28条　保证期间，债权人依法将主债权转让给第三人的，保证债权同时转让，保证人在原保证担保的范围内对受让人承担保证责任。但是保证人与债权人事先约定仅对特定的债权人承担保证责任或者禁止债权转让的，保证人不再承担保证责任。

第29条　保证期间，债权人许可债务人转让部分债务未经保证人书面同意的，保证人对未经其同意转让部分的债务，不再承担保证责任。但是，保证人仍应当对未转让部分的债务承担保证责任。

第30条　保证期间，债权人与债务人对主合同数量、价款、币种、利率等内容作了变动，未经保证人同意的，如果减轻债务人的债务的，保证人仍应当对变更后的合同承担保证责任；如果加重债务人的债务的，保证人对加重的部分不承担保证责任。

债权人与债务人对主合同履行期限作了变动，未经保证人书面同意的，保证期间为原合同约定的或者法律规定的期间。

债权人与债务人协议变动主合同内容，但并未实际履行的，保证人仍应当承担保证责任。

第31条　保证期间不因任何事由发生中断、中止、延长的法律后果。

第32条　保证合同约定的保证期间早于或者等于主债务履行期限的，视为没有约定，保证期间为主债务履行期届满之日起6个月。

保证合同约定保证人承担保证责任直至主债务本息还清时为止等类似内容的，视为约定不明，保证期间为主债务履行期届满之日起2年。

第33条　主合同对主债务履行期限没有约定或者约定不明的，保证期间自债权人要求债务人履行义务的宽限期届满之日起计算。

第34条　一般保证的债权人在保证期间届满前对债务人提起诉讼或者申请仲裁的，从判决或者仲裁裁决生效之日起，开始计算保证合同的诉讼时效。

连带责任保证的债权人在保证期间届满前要求保证人承担保证责任的，从债权人要求保证人承担保证责任之日起，开始计算保证合同的诉讼时效。

第35条　保证人对已经超过诉讼时效期间的债务承担保证责任或者提供保证的，又以超过诉讼时效为由抗辩的，人民法院不予支持。

第36条　一般保证中，主债务诉讼时效中断，保证债务诉讼时效中断；连带责任保证中，主债务诉讼时效中断，保证债务诉讼时效不中断。

一般保证和连带责任保证中，主债务诉讼时效中止的，保证债务的诉讼时效同时中止。

第37条　最高额保证合同对保证期间没有约定或者约定不明的，如最高额保证合同约定有保证人清偿债务期限的，保证期间为清偿期限届满之日起6个月。没有约定债务清偿期限的，保证期间自最高额保证终止之日或自债权人收到保证人终止保证合同的书面通知到达之日起6个月。

3. 最高人民法院《关于审理经济合同纠纷案件有关保证的若干问题的规定》(1994年)

法条从略。

4. 最高人民法院《关于处理担保法生效前发生保证行为的保证期间问题的通知》(2002年)

法条从略。

5. 最高人民法院《关于涉及担保纠纷案件的司法解释的适用和保证责任方式认定问题的批复》

法条从略。

（二）案例材料①

2007年1月，王某因做生意无钱便找臧某某借3万元现金，臧某某同意借钱，但要求其找一个担保人作担保。于是王某找到孟某进行担保。孟某同意担保后，臧某某与王某签定了协议，约定："今借臧某某现金叁万元整，于2007年年底前还清（如期不还，由担保人承担）。"担保人孟某在协议上签了字。至还款期限，王某却并未按期还款并且下落不明，于是臧某某向法院提起诉讼，要求担保人孟某承担连带保证责任，偿还借款。臧某某认为："借钱还钱，天经地义，现在王某跑了，我就找你担保人还钱，我有借款协议和你作为担保人的签字。你应该偿还我的钱。"孟某则认为："我承认我是担保人，但根据《担保法》第17条第1款的规定：'当事人在保证合同中约定，债务人不能履行债务时，由保证人承担保证责任的，为一般保证'。因此这是一般保证，我不承担保证责任，你必须先起诉借款人王某，才能找我要求偿还借款。"双方对保证合同中约定保证责任形式属于一般保证还是连带保证存有争议，2009年9月23日，臧某某诉至人民法院，要求被告孟某归还借款及预期利息。

五、实验过程

环节一：法律关系的识别

本案中王某、臧某某、孟某分别存在何种法律关系？臧某某起诉孟某的法律依据是什么？

环节二：法律适用的选择

（提示：根据法一般无溯及力的基本原理，结合案件发生的时间确定应该适用的法律依据）

环节三：保证方式的判断

本案属于一般保证还是连带保证？假如保证合同中约定的是"如期不能还"而不是"如期不还"则保证方式是否发生改变？为什么？

环节四：保证期间的认定

环节五：总结争点

1.

2.

① 案例来源于 http：//www. law110. net/html/052/2010112/1294743DID7. html。

环节六：以原告臧某某名义撰写上诉状

环节七：以被告孟某某名义撰写答辩状

环节八：下达判决书

六、拓展思考

1. 本案中原告提出的预期利息应否支持？如果应当支持则应当如何计算具体数额？

2. 在合同纠纷中，常常因为合同的一字之差而对案件性质的认定产生截然相反的后果，请结合本案，查找三个以上案例（如将“定”金误写为“订”金），并分析应当如何在实践中避免类似的错误。

实验九　物权的变动

一、实验目标

掌握物权变动的一般规则；理解债权行为与物权变动的联系及区别；了解善意取得的构成要件；领悟物权公示原则与善意取得的关系。

二、实验要求

（1）了解房屋登记的一般程序；（2）掌握承租人优先购买权的行使条件；（3）掌握物权公示原则的基本含义；（4）掌握添附的一般原理。

三、实验原理

在引起物权变动的法律事实中，最重要的是法律行为。从大陆法系的立法来看，基于法律行为而引起的物权变动的立法模式主要有以下几种：（1）物权形式主义，以德国为典型代表；（2）债权意思主义，以法国为典型代表；（3）债权形式主义，以奥地利为典型代表。我国《物权法》在总结我国民事立法与司法实践经验的基础上，采取了债权形式主义。根据《物权法》第9条和第23条的规定，除法律另有规定的外，不动产物权变动采登记成立主义，动产物权的变动采交付成立主义；另一方面，《物权法》第15条规定：当事人之间订立有关设立、变更、转让和消灭不动产物权的合同，除法律另有规定或者合同另有约定外，自合同成立时生效；未办理物权登记的，不影响合同的效力。此种规定意味着：其一，物权变动的原因行为与物权变动的结果不同。登记并不是针对物权变动的原因行为，而是针对不动产物权变动所采取的一种公示方法，因此即使未履行登记手续，也不影响物权变动原因行为的效力。其二，即便作为物权变动的原因行为有效，也并不必然引起物权变动的效果。具体来说，物权行为与债权行为的关系表现为以下三个方面：第一，债权行为有效，物权没有发生变动。比如签订了房屋买卖合同，买卖合同有效，但没有办理房屋过户手续。此时物权并没有发生变动，出卖人依然是房屋所有权人。第二，债权行为无效，物权发生了变动。比如丈夫擅自将夫妻共有的房屋出售给第三人，并办理了房屋过户手续。此时只有在第三人构成善意取得的条件下才能够取得房屋的所有权。第三，债权行为有效，物权发生变动。此时标的物所有权发生变动。

四、实验材料

（一）法条材料

1.《物权法》

第9条　不动产物权的设立、变更、转让和消灭，经依法登记，发生效力；未经登记，不发生效力，但法律另有规定的除外。

第15条　当事人之间订立有关设立、变更、转让和消灭不动产物权的合同，除法律另有规定或者合同另有约定外，自合同成立时生效；未办理物权登记的，不影响合同效力。

第16条　不动产登记簿是物权归属和内容的根据。不动产登记簿由登记机构管理。

第106条　无处分权人将不动产或者动产转让给受让人的，所有权人有权追回；除法律另有规定外，符合下列情形的，受让人取得该不动产或者动产的所有权：

（一）受让人受让该不动产或者动产时是善意的；

（二）以合理的价格转让；

（三）转让的不动产或者动产依照法律规定应当登记的已经登记，不需要登记的已经交付受让人。

受让人依照前款规定取得不动产或者动产的所有权的，原所有权人有权向无处分权人请求赔偿损失。

当事人善意取得其他物权的，参照前两款规定。

2.《民法通则》

第72条　财产所有权的取得，不得违反法律规定。

按照合同或者其他合法方式取得财产的，财产所有权从财产交付时起转移，法律另有规定或者当事人另有约定的除外。

（二）案例材料

2000年5月13日，甲公司将其所拥有的一处废弃厂房租给张某，张某经过装修用做餐饮服务，租期8年。甲公司因资金周转发生困难，决定将该租期即将到期的房屋卖掉。甲公司派人到张某处询问其意向，张某对此不置可否。甲公司认为张无意购买，便将该房屋通过乙中介公司与丙公司签署了房屋买卖合同，合同签订后，因甲、丙公司双方对办理过户手续的时间总不能协商一致，过户一事一直没有办理。期间房价猛涨，由于甲公司拟出售房屋所在地正处于政府规划的地铁站口附近，房价上涨得更快，每平米均价上涨千元左右。甲公司不愿将房屋按照原价卖给丙公司，甲公司将其想法告知了法律顾问，询问法律顾问有无妥善的解决办法。法律顾问介绍其朋友丁公司前来看房，由于甲公司急于将房屋出售，以低于市场均价200元的价格与丁公司签署了房屋买卖合同并于当日办理了房屋过户手续。为此，丙公司找到甲公司，要求返还房屋，乙中介公司要求丙公司按照中介合同支付中介服务费。张某主张行使优先购买权。为此发生纠纷。

五、实验过程

环节一：法律关系的识别

环节二：请求权基础的寻找

丙公司：

乙中介公司：

张某：

环节三：法律适用的选择

环节四：分别以丙公司、乙中介公司、张某的名义撰写起诉状

环节五：分别针对丙公司、乙中介公司、张某的请求撰写答辩状

环节六：法院对诉请作出合并审理的裁定

环节七：张某所主张的优先购买权是否成立？对物权的变动有何影响？

成立：

不成立：

环节八：丁公司是否能够根据善意取得取得物权？对物权的变动有何影响？

成立：

不成立：

环节九：乙中介公司能否请求支付中介费？

环节十：下达判决书

六、课后训练

案例分析①

2006年12月，甲房地产开发有限公司和自然人乙签订了商品房买卖合同，甲房地产开发有限责任公司以24万元的价格将一套房屋出售于乙。乙首付款4万元，剩余20万元从银行按揭贷款。房屋买卖合同签订后不久，房地产升值，甲房地产公司不愿意按照约定价格履行合同。乙在多次催促无果的情况下向法院提起诉讼，请求法院判决甲交付房屋，并为自己办理房屋产权过户登记手续。甲房地产公司的法律顾问表示该案胜诉的可能性不大。诉讼期间，甲房地产公司法定代表人告知其朋友丙该套房屋发生的诉讼问题，并表示想尽快将该套房屋予以出售。即日，甲房地产公司与丙签订了房屋买卖合同，后来给丙办理了房屋产权过户登记手续。

2007年5月21日，丙在一次车祸中死亡，其儿子丁是唯一的法定继承人，乙要求丁返还房屋，遭到丁的拒绝。8月，丁将该讼争房屋出售给了戊，双方办理了房屋产权过户登记手续。为此发生纠纷。

问题：1. 甲乙之间的房屋买卖合同是否成立、生效？

2. 按揭贷款与抵押贷款有何区别？

3. 丙能否主张对房屋的善意取得？

4. 乙能否要求丁返还房屋？

① 案例来源于赵林青主编：《民事案例评析》，中国政法大学出版社2008年版，第71～72页。

实验十　共同侵权的认定

一、实验目标

本节主要介绍共同侵权行为的基本理论，包括共同侵权的概念和构成要件；共同侵权的认定标准；共同侵权与共同危险的区别和联系。

二、实验要求

了解：共同侵权行为的概念；注意掌握共同侵权行为的构成要件与认定标准，能够区分共同侵权行为和共同危险行为。

三、实验原理

1. 共同侵权行为的概念。

共同侵权行为的概念有狭义和广义之分。狭义的共同侵权行为是指共同加害行为，即两个或两个以上的行为人，基于共同的故意或共同的过失致他人损害，依法应承担连带责任的侵权行为。广义的侵权行为包括共同加害行为和共同危险行为。本实验主要探讨狭义的共同侵权行为。

2. 共同侵权行为的立法意旨。

共同侵权行为较之于单独侵权行为，社会危险性更大，对受害人造成的损害后果也往往更为严重。法学理论上对其加以单独探讨，并将其反映在相关立法中，主要是基于以下两个方面的考虑。

第一，为受害人提供更为充分的救济。侵权法的基本理念就是充分应用损害赔偿这一手段，使受害人被侵害的合法权益得到救济。在实践中共同侵权人的赔偿能力并不相同，如果采用按份责任的形式，受害人的损失很可能无法得到填补，而以连带责任为后果的共同侵权则更有利于保护当事人的合法权益。

第二，加重共同侵权人的责任，减少社会危险因素。共同侵权行为实行行为人之间的连带责任，不仅有利于对受害人的保护，客观上也加重了行为人的责任。从一般预防的角度来看，通过这种惩戒可以警示社会，教育群众，最大限度地减少和预防社会危险因素。

3. 共同侵权行为的特征。

与单独侵权行为相比，共同侵权行为有以下几个特征：第一，主体为复数，即存在两个或两个以上行为人。第二，行为人在主观上具有共同的过错。共同过错的形式包括共同故意、共同过失以及共同故意和共同过失的结合。第三，行为人与对受害人所造成的损害具有不可分割性。第四，行为与损害结果之间都存在着因果关系。第五，行为人之间应当承担连带责任。

4. 共同侵权行为的构成要件。

通说认为，共同侵权行为是一般侵权行为的一种特殊情况，其特殊性突出表现在主体的复数性上。因此，探讨共同侵权行为的构成要件主要是弄清楚共同侵权与一般侵权在构成要件上的特殊之处。以下将从主体、主观方面、客观方面分别说明。

首先，共同侵权必须是复数主体。此处的主体既可以是自然人，也可以是法人。对于自然人而言，必须在实施该行为时具有民事责任能力，否则将不能成为共同侵权的责任主体。因为对于无责任能力的自然人来说，其在侵权行为中只是实施侵权行为的“工具”。共同侵权人分为实行行为人、造意人和帮助人。实行行为人是实施具体致人损害行为的人。教唆行为人是造意人，在共同侵权行为的共同故意的产生过程中，起策划、主使、教唆作用。帮助人是对实行行为人予以帮助，使侵权行为得以实施的人。

其次，主观上必须有共同过错。由于我国《民法通则》对共同侵权行为的主观要件未作规定，理论上也存在诸多争议。具体包括主观说、客观说、折中说。基于各行为人之间的意思联络是行为人承担连带责任的基础，从平衡保护双方当事人的利益出发，采用主观说更为恰当。共同过错包含共同故意和共同过失两种情形。

再次，行为人必须有共同加害行为。一方面共同加害人必须共同参与实施了某种加害活动，他们的行为彼此联系、互相配合、互为条件、互相作用，在客观上结合在一起，形成了一个统一的致人损害的整体。另一方面，每个加害人的行为都与最终的损害结果之间存在因果关系，尽管原因力有大有小，但行为的整体与结果之间的原因是统一的。

5. 共同侵权行为与共同危险行为的区别。

广义上的共同侵权行为包含了共同危险行为，但是共同侵权行为（共同加害行为）与共同危险行为之间也存在区别。第一，共同危险行为之间不存在致人损害的意思联络，否则就构成了共同加害行为。第二，共同危险行为人的行为必须在时间和地点上具有同一性或关联性，而共同加害行为无此要求。第三，共同危险行为中，只有数人的行为与结果之间存在因果关系，且此时的因果关系无法确定，而在共同加害行为中，所有加害人的行为都与结果之间存在因果关系。

四、实验材料

（一）法条材料

1.《民法通则》

第130条　二人以上共同侵权造成他人损害的，应当承担连带责任。

2. 最高人民法院《关于审理人身损害赔偿案件适用法律若干问题的解释》

第3条　二人以上共同故意或者共同过失致人损害，或者虽无共同故意、共同过失，但其侵害行为直接结合发生同一损害后果的，构成共同侵权，应当依照民法通则第一百三十条规定承担连带责任。

3.《侵权责任法》

第8条　二人以上共同实施侵权行为，造成他人损害的，应当承担连带责任。

第9条　教唆、帮助他人实施侵权行为的，应当与行为人承担连带责任。

教唆、帮助无民事行为能力人、限制民事行为能力人实施侵权行为的，应当承担侵权责任；该无民事行为能力人、限制民事行为能力人的监护人未尽到监护责任的，应当承担相应的责任。

第10条　二人以上实施危及他人人身、财产安全的行为，其中一人或者数人的行为造成他人损害，能够确定具体侵权人的，由侵权人承担责任；不能确定具体侵权人的，行为人承担连带责任。

第11条　二人以上分别实施侵权行为造成同一损害，每个人的侵权行为都足以造成全部损害的，行为人承担连带责任。

第12条　二人以上分别实施侵权行为造成同一损害，能够确定责任大小的，各自承担相应的责任；难以确定责任大小的，平均承担赔偿责任。

（二）案例材料

案例1：

周某原系某火炮厂工人，离厂后以采购原料给他人制作发令纸并予以推销为职业。1990年9月，陈某与周某约定购买发令纸，周某通知陈某去提货。同年11月14日，周某从陈某家提走4000张发令纸，装在纸烟箱内，搭乘翁某开的机动三轮车。行至途中，发令纸突然爆炸起火，将同在的黄某、李某严重烧伤，陈某亦被烧伤。黄某、李某治疗伤害共造成医药费等损失2万余元，起诉陈某、周某赔偿损失。①

案例2：

2003年12月23日A公司司机李某驾驶的大客车由东向西停在北路车站上，适时王某骑电动自行车由东向西行驶，因自行车车把右侧与大客车左侧后部接触致王某向左侧倒地，而此时B公司司机杨某驾驶大货车由东向西驶来，大货车右侧中后轮将王某碾压致死，事故发生后，大客车移位，电动自行车损坏。此交通事故经北京市公安交通管理局海淀交通支队（以下简称交通队）调查，因不能确认是任何一方当事人的违章行为所导致的，故交通队对此事故不认定责任。王某某、梅某系王某的父母，陈某系王某之妻，王小某系王某之女。王某某等人因处理此事故共支付法医检验费3600元、误工费5988元、住宿费8371元。王某所骑的电动自行车在事故中损坏，该车2002年购置时的价格为2300元。王某的随身衣物也在事故中破损，但其家属未就上述物品的价值向法院提交相应证据。王某某等就交通费向法院所提交的证据材料中包含有大量的出租车票据及机票费用。另查，王某某、梅某两人均属高龄，膝下有王某等三个子女。②

五、实验过程

（一）分析案例1

步骤一：简化材料，归纳争点。

本案是有关人身损害赔偿的案件，争议的焦点在于责任的承担主体是周某与陈某承担按份责任还是连带责任。

---

① 案例来源于王利明：《民法》，中国人民大学出版社2005年版，第846页。

② 案例来源于 http：//www.chinalawedu.com/news/1900/20/2006/9/zh5027365936111960020-0.htm。

步骤二：寻找依据。

依据最高人民法院《关于审理人身损害赔偿案件适用法律若干问题的解释》第3条的规定，两人以上共同故意或者共同过失致人损害，或者虽无共同故意、共同过失，但其侵害行为直接结合发生同一损害后果的，构成共同侵权，应当依照《民法通则》第130条的规定承担连带责任。《侵权责任法》第8条规定：两人以上共同实施侵权行为，造成他人损害的，应当承担连带责任。

步骤三：分析材料。

根据案情，本案中周某院系火炮厂工人，对发令纸的运输危险应有明确的认识，发令纸属易燃易爆品，运输过程中必须用专用运输工具并办理运输许可证。因此周某对事故的发生存在过错。对于陈某而言，作为发令纸交易的一方，对发令纸存在的危险也应当有明确的认识，而陈某将发令纸直接装在纸箱中，并搭乘翁某的车辆运输同样存在过错。本案中，正是周某与陈某的共同过错而导致黄某、李某被严重烧伤。周某与陈某应负连带责任。

（二）分析案例2

步骤一：简化材料，归纳争点。

本案是有关交通事故造成人身损害的案件，涉及多个当事人，交警部门也未作事故责任认定，因此本案主要争议在于是否构成共同侵权。

步骤二：寻找依据。

依据最高人民法院《关于审理人身损害赔偿案件适用法律若干问题的解释》第3条的规定，两人以上共同故意或者共同过失致人损害，或者虽无共同故意、共同过失，但其侵害行为直接结合发生同一损害后果的，构成共同侵权，应当依照《民法通则》第130条的规定承担连带责任。

步骤三：分析材料。

在侵害行为直接结合发生同一损害后果的情况下，虽然并不要求有共同的故意或过失，但每一个行为本身仍然是侵权行为，必须符合侵权行为的构成要件。本案根据交通队的责任认定，事故的发生完全是由于偶发因素竞合所致，几方当事人均对事故的发生没有故意或过失，不存在过错，因此虽然是三方行为直接结合发生了王某死亡的事件，但这是意外事件，而并非共同侵权的后果。在这种情况下，法院只能依据《民法通则》规定的公平原则，权衡各方利益，作出判决，给予受害人适当的补偿和救济。

六、拓展思考

1.《侵权责任法》中关于共同侵权的规定与最高人民法院《关于审理人身损害赔偿案件适用法律若干问题的解释》第3条中规定的“虽无共同故意、共同过失，但其侵害行为直接结合发生同一损害后果的，构成共同侵权”是否矛盾？

2. 案例2中，如果交警出具的交通事故责任认定书中李某、杨某对该事故负有主要责任，本案该如何判决？

七、课后训练

1. 一天夜晚，甲开车逆行迫使骑车人乙为躲避甲向右拐，跌入修路挖的坑里（负责修路的施工单位对该坑未设置保护措施），造成车毁人伤。对乙的损失应如何承担？（　　）

A. 只能由甲承担责任　　B. 只能由施工单位承担责任

C. 甲和施工单位各自承担责任　　D. 甲和施工单位承担连带责任

2. 张甲（20岁）与张乙（14岁）走到张丙家门口，见张丙家门口卧着一条花狗睡觉，张甲对张乙说，你拿一块石头去打花狗，看它有何反应，张乙照此办理。花狗被打以后朝张乙追去，张乙见势不妙忙躲在迎面走来的张丁身后，花狗咬伤张丁。张丁为此花去医药费500元。对此费用应如何承担？（　　）

A. 主要由张丙承担，张乙的监护人承担适当部分

B. 主要由张乙的监护人承担，张丙承担适当部分

C. 主要由张甲承担，张乙的监护人承担适当部分

D. 主要由张乙的监护人承担，张甲承担适当部分

3. 赵某在公共汽车上因不慎踩到售票员而与之发生口角，售票员在赵某下车之后指着他大喊：“打小偷！”赵某因此被数名行人扑倒在地致伤。对此应由谁承担责任？（　　）

A. 售票员　　B. 公交公司

C. 售票员和动手的行人　　D. 公交公司和动手的行人

4. 甲饲养的一只狗在乙公司施工的道路上追咬丙饲养的一只狗，行人丁避让中失足掉入施工形成的坑里，受伤严重。下列哪些说法是错误的？（　　）

A. 如甲能证明自己没有过错，则不应承担对丁的赔偿责任

B. 如乙能证明自己没有过错，则不应承担对丁的赔偿责任

C. 如丙能证明自己没有过错，则不应承担对丁的赔偿责任

D. 此属意外事件，甲、乙、丙均不应承担对丁的赔偿责任

实验十一　电磁辐射侵权

一、实验目标

主要介绍电磁辐射侵权案件的处理。具体包括电磁辐射的概念、电磁辐射侵权的归责原则、构成要件、因果关系的证明标准、举证责任分配、免责事由等。

二、实验要求

了解：电磁辐射侵权的特征；掌握：电磁辐射侵权案件的构成要件，电磁辐射案件中因果关系应如何证明，国家相关行业标准在认定电磁辐射侵权中的意义。

三、实验原理

（一）电磁辐射概述

电磁辐射又称电子烟雾，是由空间共同移送的电能量和磁能量所组成的，而该能量是由电荷移动所产生的。电磁辐射是一种复合的电磁波，以相互垂直的电场和磁场随时间的变化而传递能量。人体生命活动包含一系列的生物电活动，这些生物电对环境的电磁波非常敏感，因此，电磁辐射可以对人体造成影响和损害。电磁辐射对人体的危害，表现为热效应和非热效应两大方面。热效应，是指当人体接受电磁辐射时，体内分子会随着电磁场的转换快速运动，使人体升温，热效应会引起中枢神经和植物精神系统的功能障碍，主要表现为头晕、失眠、健忘等亚健康表现。非热效应，即吸收辐射不足以引起体温增高，但也引起生理变化和反应。生活和工作在这种环境中过久，会出现头晕、疲乏无力、记忆力衰退、食欲减退等临床症状。

随着社会经济的发展，人们对自身生活品质的要求也越来越高，电磁辐射作为环境侵权的一种类型，受到的关注日益增多，因电磁辐射引发的环境侵权纠纷也层出不穷。

(二) 电磁辐射侵权的归责原则

关于高压输变电电磁辐射侵权损害赔偿的归责原则，理论界有过错责任、过错推定责任、公平责任和无过错责任等不同的主张。

电磁辐射侵权具有很强的技术性、隐蔽性、累积效应，受害面广，持续时间长，受害人相对于加害人通常处于弱者地位，所以电磁辐射侵权行为普遍被认为是一种特殊的侵权行为。因此，在电磁侵权领域，适用无过错责任。凡是因电磁辐射造成了他人的损害，不论其主观上是否存在过错，只要酿成了一定的损害事实，并且该事实与其行为具有逻辑上的因果关系，就应当由其依法承担侵权责任，加害人无须证明自己无过错以求免责，受害人也无须就加害人主观上存在过错承担举证责任。值得注意的是，随着科学技术的发展，人类对电磁辐射的控制能力逐渐增强，技术上的可控性成为质疑电磁辐射侵权适用无过错责任的主要依据，一些国家的立法已经开始转向采用过错推定的归责原则。

(三) 电磁辐射侵权的构成要件

目前学界和司法界多从环境侵权的角度来定性电网电磁辐射致人损害的责任，因此，对其构成要件的讨论也多从环境侵权构成要件方面来展开。在电磁辐射侵权案件中，首先，要证明产生了电磁辐射；其次，还要求电磁辐射造成了损害；最后，需要证明损害与侵权行为之间存在因果关系。

1. 存在电磁辐射。有电磁辐射存在是电磁辐射侵权案件的前提，因此，任何电磁辐射案件必须首先证明有电磁辐射存在，这种证明是一种客观事实的证明，可以运用专业的仪器进行测量。

2. 电磁辐射造成了损害。环境损害的事实即环境侵权造成的环境损害后果，根据侵权行为法补偿功能的基本要求，无损害即无救济，因而它是环境民事责任的构成要件。环境损害具体包括财产损害、人身损害和环境享受损害三种。在侵权损害赔偿，特别是在高压输变电电磁辐射的损害赔偿中，应对非财产损害和财产损害进行全面的考虑，将其认为是受害人的财产或人身权益状态在受害后所发生的与受害前相比真实的、对其不利的后果。

3. 电磁辐射与损害后果之间存在因果关系。高压电磁辐射损害赔偿中因果关系的认定应采用举证责任倒置。在此类案件中，对于因果关系的成立，受害人仅要证明其个人遭受的人身或财产损害及其居所附近有高压输变电设施运行即可。若电力公司要否认因果关系的存在，则其需要举证证明电磁辐射与受害人的人身、财产损害之间没有因果关系或者证明存在法定的免责事由，否则，就应当承担举证不能的不利后果。

（四）高压电磁辐射案件中的免责事由

在侵权责任法领域，免责事由通常是指因法律规定免除致害人民事责任的具体事由。高压辐射侵权采用无过错责任的归责原则并不表明在任何情形下高压侵权案件中的致害人都必须承担责任。在以下几种情形下电磁辐射的侵权人可以减轻或者免除责任。

第一，不可抗力。不可抗力，在民事行为中是通行的一般抗辩事由，是跨越侵权责任和合同责任的法律概念，在危险责任中各国立法一般都将其作为免责条件。不可抗力是指当事人不可抗拒的外来力量，是偶然发生的、当事人无法左右的特殊自然现象和社会现象，包括自然灾害和社会事件。基于《电力法》第 60 条以及《侵权责任法》第 73 条的规定，“不可抗力”作为高压电致害责任的法定免责事由，已无疑义。

第二，受害人故意。受害人故意包括直接故意和间接故意。它是指受害人出于某种不正当的动机，利用高度危险环境实施行为造成对自身的损害或者受害人故意实施不法行为，被高度危险作业的危险源造成损害。最高人民法院《关于审理触电人身损害赔偿案件若干问题的解释》第 3 条第 2 项至第 4 项以列举的形式规定了受害人故意行为，明确地界定了受害人故意的形式，为处理此类案件提供了依据。

此外，在探讨电磁辐射案件的免责事由时，还应当注意在存在第三人过错的情况下，电力企业的责任有可能因此减轻或者免除，若存在受害人过错时也可能适用过失相抵原则，减轻电力企业的责任。

四、实验材料

（一）法条材料

1.《侵权责任法》

第 65 条　因污染环境造成损害的，污染者应当承担侵权责任。

第 66 条　因污染环境发生纠纷，污染者应当就法律规定的不承担责任或者减轻责任的情形及其行为与损害之间不存在因果关系承担举证责任。

第 69 条　从事高度危险作业造成他人损害的，应当承担侵权责任。

第 72 条　占有或者使用易燃、易爆、剧毒、放射性等高度危险物造成他人损害的，占有人或者使用人应当承担侵权责任，但能够证明损害是因受害人故意或者不可抗力造成的，不承担责任。被侵权人对损害的发生有重大过失的，可以减轻占有人或者使用人的责任。

第73条　从事高空、高压、地下挖掘活动或者使用高速轨道运输工具造成他人损害的，经营者应当承担侵权责任，但能够证明损害是因受害人故意或者不可抗力造成的，不承担责任。被侵权人对损害的发生有过失的，可以减轻经营者的责任。

2.《物权法》

第88条　不动产权利人因建造、修缮建筑物以及铺设电线、电缆、水管、暖气和燃气管线等必须利用相邻土地、建筑物的，该土地、建筑物的权利人应当提供必要的便利。

第90条　不动产权利人不得违反国家规定弃置固体废物，排放大气污染物、水污染物、噪声、光、电磁波辐射等有害物质。

第92条　不动产权利人因用水、排水、通行、铺设管线等利用相邻不动产的，应当尽量避免对相邻的不动产权利人造成损害；造成损害的，应当给予赔偿。

3.《环境保护法》

第41条　造成环境污染危害的，有责任排除危害，并对直接受到损害的单位或者个人赔偿损失。

……

4.《环境影响评价法》

第22条　建设项目的环境影响评价文件，由建设单位按照国务院的规定报有审批权的环境保护行政主管部门审批；建设项目有行业主管部门的，其环境影响报告书或者环境影响报告表应当经行业主管部门预审后，报有审批权的环境保护行政主管部门审批。

……

（二）案例材料

1977年8月，李某经申请取得建房许可证并建造三间房屋。1982年，A市电力公司建设“220kV三温甲乙线高压输电线”，此线路未跨越李某房屋。2005年3月A市电力公司开始对220kV三温甲乙线进行改造施工，此次施工造成220kV三温甲乙线10号塔与11号塔之间高压线跨越李某的房屋屋顶。2006年4月25日，经李某举报，省辐射环境监督站对李某房屋及周围进行了现场监测，认为环评文件没有充分考虑输电线路对敏感目标的影响。2006年12月20日，李某向A市阳明区人民法院起诉，要求A市电力公司停止侵害，排除妨碍，消除危险，并承担本诉讼费用。

五、实验过程

步骤一：简化材料，归纳争点。

本案是高压电磁辐射侵权的典型案例，本案的争议焦点主要有两个：一是原告主张的损害与被告的行为有无因果关系；二是原告主张的检测结果能否推翻环境保护部门出具的环评报告。

步骤二：寻找依据。

《侵权责任法》第72条规定，占有或者使用易燃、易爆、剧毒、放射性等高度危险物造成他人损害的，占有人或者使用人应当承担侵权责任，但能够证明损害是因受害人故意或者不可抗力造成的，不承担责任。被侵权人对损害的发生有重大过失的，可以减轻占有人或者使用人的责任。第73条规定，从事高空、高压、地下挖掘活动或者使用高速轨道运输工具造成他人损害的，经营者应当承担侵权责任，但能够证明损害是因受害人故意或者不可抗力造成的，不承担责任。被侵权人对损害的发生有过失的，可以减轻经营者的责任。

步骤三：分析材料。

检测数据不能否认环评结果。首先，辐射环境监督站是隶属于环保部门的直属事业单位，本身并没有行政执法权，其职责主要是检测收集相关数据，为环保部门决策提供依据。所以本案中检测数据仅能为环保部门决策参考之用，并不能视为一种行政确权行为。其次，环境评价在性质上属于行政许可行为，是具体行政行为的一种。行政行为具有公定力，它是指行政行为一经作出，即对任何人都具有被推定为合法有效并获得社会尊重和信任的法律效力，不经严格的法律程序，行政行为必须被执行，任何人不能任意改变。环评既然是依法作出的行政许可行为，其法律效力必须被认可。检测数据虽然表明环评存在瑕疵也无法推翻环评结果，原告若对环评有异议，只能依法寻求行政救济，而非民事诉讼。最后，检测数据仅仅表明，环评考虑的参数欠缺，需明确的是，参数欠缺并不表明结论错误，原告仅以检测数据为依据，无法否认环评的结论。结合以上分析，可知电力公司对线路的改造施工是合乎环保要求的。高压线路所产生的电磁辐射低于国家标准规定的限制，原告的损害与高压线路之间并不存在因果关系。

六、拓展思考

1. 原告在诉讼中是否不需要承担任何举证责任？

2. 高压线路产生的电磁辐射若小于国家规定的限制，是否意味着电力公司可以当然免责？为什么？

七、课后训练

案例分析①

杨某、王某（杨某之妻）、杨甲（杨某之子）、杨乙（杨某之女）住在A市。1989年，A市电业局经有关政府和部门批准向杨某家所在村村委会征用土地，村委会和电业局达成土地征用协议。电业局已按照协议履行己方义务。杨某家住宅外部分庭院土地被划入征地范围。1996年7月17日，杨某以电业局侵占土地使用权为由向区人民法院起诉，被驳回诉讼请求。原告不服，向A市中级人民法院提起上诉。在上诉审理中，上诉人就48，2号铁塔附近及高压输电线路电磁辐射引发疾病向被上诉人索赔，经A市中级人民法院司法技术鉴定中心鉴定：杨某患脑梗塞症、王某患老年痴呆症、杨乙患心肌炎。杨甲被某医院诊断为心肌炎。电业局委托省环境科学研究所测试，测试结果为电场强度、磁场强度、功率强度均远低于《电磁辐射防护规定》（GB8702—88）和《环境卫生电磁波卫生标准》（GB8175—88）允许的限值或强度。1998年4月国家环保总局办公厅在《关于高压送变电电磁辐射污染问题的复函》中建议，采用工频电磁辐射仪，比照本地水平和国际有关标准进行测试鉴定。电业局委托国家电力公司电力科学研究院进行工频电磁场模拟测试，测试结果低于美国、德国等的限值。1999年6月23日，A市中级人民法院将该案发回重审，区人民法院在重审期间追加杨某、王某、杨乙为原告，追加村委会为第三人，后因王某死亡，由其女杨丁参加诉讼。请根据案件材料归纳本案争议焦点，并提出自己的处理意见。

---

① 案例来源于王灿发：《环境与资源保护法案例》，中国人民大学出版社2005年版，第209～213页。

实验十二　未成年人侵权的民事责任

一、实验目标

本节主要介绍未成年人侵权的概念、分类、构成要件，监护人承担责任的法理基础，《民法通则》与《侵权责任法》规定的差异及其原因。

二、实验要求

了解：未成年人侵权的概念；注意掌握监护人承担替代责任的构成要件与认定标准，能够运用法律规定分析未成人侵权案件。

三、实验原理

1. 未成年人的概念。

未成年人的界定是一个立法政策选择的问题，各国在判定未成年人的标准上并不完全一致，在我国，未成年人是指未满 18 周岁的公民。

2. 未成年人的民事行为能力。

民事行为能力，是指能够以自己的行为依法行使权利和承担义务，从而使法律关系产生、变更或消灭的资格。自然人的行为能力分三种情况：完全行为能力、限制行为能力、无行为能力。依据我国民法通则的规定，未成年人的民事行为能力也分为三种情形：10 周岁以下的未成年人为无民事行为能力人；10 周岁以上的未成年人是限制民事行为能力人；16 周岁以上不满 18 周岁的公民，以自己的劳动收入为主要生活来源的，视为完全民事行为能力人。

法律之所以对未成年人的行为能力进行限制，有两个主要原因：一是，保障未成年人的合法权益。未成年人的知识、经验、技能、意思能力较之于成年人有所欠缺，通过法定代理制度、监护制度可以确保其权利能力的实现。二是，保护其他民事主体的合法权益。未成年人往往经济能力有限，在未成年人侵权的情况下适用与成年人相同的归责原则，受害人将难以获得补偿。

3. 未成年人的民事责任能力。

所谓民事责任能力，实质上就是侵权行为能力，是指自然人能辨认和控制自己的行为，因而对其致人损害的后果承担侵权民事责任的资格。我国民法通则以民事行为能力作为确定自然人民事责任能力的标准，即完全民事行为能力人具有民事责任能力，无民事行为能力人和限制民事行为能力人无民事责任能力。值得注意的是，无论是民法通则还是侵权责任法都规定，无民事行为能力人和限制民事行为能力人致人损害时首先要以个人财产赔偿，这是关于公平责任的规定。

4. 监护人替代责任的构成要件。

未成年人（不包括被视为完全民事行为能力的未成年人）不具备民事责任能力，未成年人致人损害时应由监护人承担侵权责任。在判断监护人是否应当承担替代责任时，应考虑以下几个构成要件。

首先，未成年人的行为造成他人损害。此类案件中被监护人的主观状态并不是审查的重点，被监护人造成他人损害时既可以是出于故意，也可以是出于过失，在认定监护人的替代责任构成时，只需要存在被监护人实施侵权行为造成他人损害即可。但是，若监护人教唆、帮助被监护人实施侵权行为造成损害的，则应由监护人承担侵权责任。

其次，加害人与责任人之间存在监护关系。监护是为了监督和保护无民事行为能力人和限制民事行为能力人的合法权益而设置的一项民事法律制度。在我国依据监护设立的不同，可以将监护分为法定监护、指定监护、遗嘱监护和约定监护。监护人既可以是自然人也可以是法人。被害人要求监护人承担替代责任时，必须证明加害人与责任人之间存在监护关系。

最后，监护人对致害人具有控制义务。在一般的侵权案件中，责任人只是对自己的行为承担责任，而在特殊侵权中，责任人承担的民事责任并非直接源于自己的侵权行为。法律赋予了监护人对被监护人进行监督、控制、保护的义务，当监护人怠于履行自己的管控义务时就有可能给他人造成损害，因此判断监护人承担替代责任的标准之一就是其对被监护人控制义务的违反。

5. 监护人对未成年人承担替代责任的例外。

立法设计出由监护人承担替代责任的一个重要依据是为了更好地保护受害人的利益。实践中，大多数情况下未成年人的财产非常有限，由未成年人赔偿受害人的损失往往无法实现，所以法律才规定由监护人承担替代责任。但是，在少数情况下，未成年人通过继承、接受赠与等途径也可能积累大量财产，在这种情况下先从未成年人的财产中进行赔偿就显得更为公平。

四、实验材料

（一）法条材料

1.《民法通则》

第18条　监护人应当履行监护职责，保护被监护人的人身、财产及其他合法权益，除为被监护人的利益外，不得处理被监护人的财产。

监护人依法履行监护的权利，受法律保护。

监护人不履行监护职责或者侵害被监护人的合法权益的，应当承担责任；给被监护人造成财产损失的，应当赔偿损失。人民法院可以根据有关人员或者有关单位的申请，撤销监护人的资格。

2. 最高人民法院《关于贯彻执行〈中华人民共和国民法通则〉若干问题的意见（试行）》

第10条　监护人的监护职责包括：保护被监护人的身体健康，照顾被监护人的生活，管理和保护被监护人的财产，代理被监护人进行民事活动，对被监护人进行管理和教育，在被监护人合法权益受到侵害或者与人发生争议时，代理其进行诉讼。

3.《侵权责任法》

第32条　无民事行为能力人、限制民事行为能力人造成他人损害的，由监护人承担侵权责任。监护人尽到监护责任的，可以减轻其侵权责任。

有财产的无民事行为能力人、限制民事行为能力人造成他人损害的，从本人财产中支付赔偿费用。不足部分，由监护人赔偿。

4.《未成年人保护法》

第10条　父母或者其他监护人应当创造良好、和睦的家庭环境，依法履行对未成年人的监护职责和抚养义务。

禁止对未成年人实施家庭暴力，禁止虐待、遗弃未成年人，禁止溺婴和其他残害婴儿的行为，不得歧视女性未成年人或者有残疾的未成年人。

（二）案例材料

2008年11月5日晚7时多，被告陈某（2004年12月2日出生）与原告汤某（2003年3月4日出生）在原告家一楼后厅玩耍，被告突然用一根塑钢废材料尖端将原告汤某左眼刺伤，原告受伤后被原告的法定代理人汤某某、李某及被告陈某某、蔡某送到市人民医院眼科治疗，2008年11月6日，原告汤某被转入中南大学湘雅二医院治疗，住院共13天，花去医药费 14670.64 元，后原告又在市人民医院共花费医药费 322.7 元，被告法定代理人仅支付了 3600 元。2008 年 12 月 26 日，中南大学湘雅二医院司法鉴定中心对原告的伤情作出了司法技术鉴定，鉴定结论认定原告汤某左眼盲（视力 0.01），共济性外斜（-15），属七级伤残。为此，原告起诉请求三被告连带清偿原告各项损失共计 11 万元。①

五、实验过程

步骤一：简化材料，归纳争点。

本案是关于未成年人致人损害的案件，争议的焦点在于致害人的监护人是否需要承担替代责任。

步骤二：寻找依据。

《侵权责任法》第 32 条规定：无民事行为能力人、限制民事行为能力人造成他人损害的，由监护人承担侵权责任。监护人尽到监护责任的，可以减轻其侵权责任。有财产的无民事行为能力人、限制民事行为能力人造成他人损害的，从本人财产中支付赔偿费用。不足部分，由监护人赔偿。本案中，陈某是无民事行为能力的未成年人，其致人损害应适用《侵权责任法》关于监护人的替代责任的规定。

步骤三：分析材料。

根据案情，被告陈某为学龄前幼儿，没有完全民事行为能力，陈某某、蔡某与陈某之间存在监护关系，而监护关系的存在是替代责任的基本条件。陈某某、蔡某作为被告陈某的监护人，怠于对被告陈某进行教育管理，未履行好对被告的监护职责，故被告陈某应承担的责任其监护人有义务全部承担。根据最高人民法院《关于贯彻执行〈中华人民共和国民法通则〉若干问题的意见》第 10 的规定，监护人的职责中包括对被监护人进行管理和教育的义务。这就要求监护人负有采取合理措施防止被监护人对他人实施侵权行为的义务，即控制义务。本案中，陈某某、蔡某不仅未在陈某与汤某玩耍的过程中对陈某进行合理、必要的监管，而且将塑钢废材料置于陈某能触及的范围内，依此可以判定其未履行监护义务，应当承担替代责任。

---

① 案例来源于奚晓明：《侵权案例指导案例评注》，中国法制出版社 2010 年版，第 87 页。

六、拓展思考

1. 案例中，汤某的监护人是否应当承担部分责任？原因是什么？
2. 案例中，若陈某曾获得祖父赠与的财产数万元，则本案该如何判决？

七、课后训练

1. 小甲6岁，父母离异，由其母抚养并与之共同生活。某日，小甲在幼儿园午餐时与小朋友小乙发生打斗，在场的带班老师丙未及时制止。小甲将小乙推倒在地，造成骨折，花去医药费3000元。小乙的父母欲以小甲的父母、幼儿园及丙为被告，要求赔偿。下列表述哪些是正确的？（　　）

A. 小甲之母应承担赔偿责任　　B. 小甲之父应承担连带赔偿责任
C. 幼儿园应给予适当赔偿　　D. 丙应承担连带责任

2. 某研究所在装运存有放射性物质的铅箱时，一只箱子从车上掉下来，吴某（8岁）看见后，即取出箱中的放射性物质玩耍，结果因过量吸收放射性物质而得病。吴某的治疗费和其他必要费用应由谁承担？（　　）

A. 吴某的监护人
B. 某研究所
C. 主要由某研究所承担，吴某的监护人适当分担
D. 主要由吴某的监护人承担，某研究所适当分担

3. 案例分析①

2004年3月1日，被告陈某之子王某（时年15周岁）受邬某唆使，从家中拿出所有权人为被告的房产证和土地证。邬某持上述真实的房产证和伪造的土地证，并持伪造的被告身份证，假冒被告到原告（典当行）处签订房地产典当合同，以房产典当人民币300000元。同日，邬某与原告工作人员到宁波市房产管理局办理了房地产抵押手续，由宁波市房产管理局办理了他项权登记，原告随后向邬某支付典当款300000元，被告之子王某从中分得10000元。事后，邬某因涉嫌诈骗犯罪被依法追究刑事责任，但诈骗所得一直未被追回。2005年9月，原告以被告对王某疏于管教、监护不力，导致王某有机会从家中拿走房产证等重要财产凭证，造成原告损失为由诉至法院，请求法院判令被告承担监护不力的责任，赔偿损

① 案例来源于：http：//news.9ask.cn/flal/mfal/qthyfal/201001/296305.html。

失共计290000元。请问本案中，被告是否需要向原告承担赔偿责任？为什么？

实验十三 安全保障义务的责任构成

一、实验目的

根据最高人民法院《关于审理人身损害赔偿案件适用法律若干问题的解释》（以下简称《人身损害赔偿司法解释》）第6条之规定：从事住宿、餐饮、娱乐等经营活动或者其他社会活动的自然人、法人及其他组织，未尽合理限度范围内的安全保障义务致使他人遭受损害，赔偿权利人请求其承担相应赔偿责任的，法院应予支持。因第三人侵权导致损害结果发生的，由实施侵权行为的第三人承担赔偿责任。保障义务人有过错的，应当在其能够防止或者制止损害的范围内承担相应的补充赔偿责任。安全保障义务人承担责任后，可以向第三人追偿。赔偿权利人起诉安全保障义务人的，应当将第三人作为共同被告，但第三人不能确定的除外。《侵权责任法》在总结司法实践经验的基础上，于第37条对安全保障义务予以明确规定。与前述《人身损害赔偿司法解释》第6条规定存在重大差异。希望通过本实验正确识别二者的差异，并掌握安全保障义务的判断标准与方向以及负有安全保障义务的责任主体与第三人之间的责任划分。

二、实验要求

（1）法律关系性质的识别。（2）安全保障义务的判断。（3）因果关系的认定。（4）《侵权责任法》第37条与《人身损害赔偿司法解释》第6条之区别。

三、实验原理

对于安全保障义务的法律性质，学术界可谓学说纷纭。有的认为，安全保障义务是合同法上的附随义务，其依据是合同法上的诚实信用原则；有的则认为，安全保障义务更多地规定在法律、法规中，属于法定义务，违反法定义务，应该属于侵权责任而非违约责任。我们认为，安全保障义务的来源具有多元性，既可以来源于合同的约定，也可以来源于法律的规定，当事人既可以选择违约之诉，也可以选择侵权之诉，请求权的竞合制度的采用有利于安全保障义务的实现。违反安全保障义务的合同责任的法律构成相对简单，首先要证明合同关系的存在，其次证明损害的存在以及义务的存在即可。违反安全保障义务的侵权行为的构成相对复杂一些，一般认为，违反安全保障义务的侵权行为须具备以下条件：(1) 行为人实施了违反安全保障义务的行为。违反安全保障义务的行为，一般是不作为的行为形态，即未尽适当注意义务，行为人是否履行了安全保障义务，有其特定的判断标准。这个标准可以从以下三个方面来予以把握：首先，法定标准。如果法律对于安全保障的内容和当事人行为的标准有直接规定，应当严格遵守法律的规定。其次，善良管理人的标准。在法律没有规定确定的标准的情况下，如果被告在作为一个“善良家父”应积极作为时却没有作为，即表明被告有过错，在符合其他责任构成的条件下即应承担过错侵权责任。再次，一般标准。对于主动进入土地或者经营场所的人，负有安全保障义务的人所承担的义务，就是指对于隐蔽性危险负有告知义务，对于这种告知义务没有履行，则构成未尽义务。按照上述标准，以下三种行为就是违反安全保障义务的行为：第一，怠于防止侵害行为。对于负有安全保障义务的人，没有对发生的侵权行为进行有效的防范或者制止。第二，怠于消除人为的危险情况，这是指对于管理服务等人为的危险情况，没有进行消除。第三，怠于消除经营场所或者活动场所具有伤害性的自然情况。例如设施、设备存在的不合理危险，没有采取合理措施予以消除。(2) 发生了人身损害的损害事实。(3) 人身损害与违反安全保障义务的行为具有因果关系。由于未尽安全保障义务的侵权行为的类型不同，因果关系的要求也不尽相同。在设施、设备违反安全保障义务的侵权行为中，对于因果关系的要求是，具有确定的直接因果关系，即未尽安全保障义务的行为，是引起人身损害事实的直接原因。比如电梯间失修导致的人身损害。在防范制止侵权行为未尽安全保障义务的侵权行为中，对于因果关系的要求相较于前种行为就稍低一些。安全保障义务人的行为，只是受保护人受到损害的一个条件，具有因果关系，只不过这种因果关系并不那么直接而已。(4) 违反安全保障义务的行为人具有过错。违反安全保障义务的行为人未尽安全保障义务，应当具有过错，即未尽到注意义务的过失，这种过失的认定采取过错推定原则。

《侵权责任法》第37条与《人身损害赔偿司法解释》第6条的区别主要

体现在以下几个方面：第一，负有安全保障义务的责任主体，《侵权责任法》扩大到所有公共场所的管理人和群众性活动的组织者，不再限于宾馆、餐饮、娱乐等经营活动。第二，《侵权责任法》扩大了安全保障义务的范围，不再局限于《人身损害赔偿司法解释》所界定的人身损害，而是扩大到一切损害，包括财产损害。第三，《侵权责任法》扩大了安全保障义务的范围，不再限于合理限度内的安全保障义务，而是扩大到一切安全保障义务，强化了责任主体的安全保障范围。第四，对于因第三人行为造成他人损害的，《侵权责任法》也放宽了责任主体承担责任的条件。责任的承担不再严格要求其是否存在过错，承担责任的大小也不再局限于其能够制止或者防止损害的范围。

四、实验材料

（一）法条材料

1.《侵权责任法》

第34条　用人单位的工作人员因执行工作任务造成他人损害的，由用人单位承担侵权责任。

劳务派遣期间，被派遣的工作人员因执行工作任务造成他人损害的，由接受劳务派遣的用工单位承担侵权责任；劳务派遣单位有过错的，承担相应的补充责任。

第37条　宾馆、商场、银行、车站、娱乐场所等公共场所的管理人或者群众性活动的组织者，未尽到安全保障义务，造成他人损害的，应当承担侵权责任。

因第三人的行为造成他人损害的，由第三人承担侵权责任；管理人或者组织者未尽到安全保障义务的，承担相应的补充责任。

2. 最高人民法院《关于审理人身损害赔偿案件适用法律若干问题的解释》

第6条　从事住宿、餐饮、娱乐等经营活动或者其他社会活动的自然人、法人、其他组织，未尽合理限度范围内的安全保障义务致使他人遭受人身损害，赔偿权利人请求其承担相应赔偿责任的，法院应予支持。

因第三人侵权导致损害结果发生的，由实施侵权行为的第三人承担赔偿责任。安全保障义务人有过错的，应当在其能够防止或者制止损害的范围内承担相应的补充赔偿责任。安全保障义务人承担责任后，可以向第三人追偿。赔偿权利人起诉安全保障义务人的，应当将第三人作为共同被告，但第三人不能确定的除外。

(二)案例材料①

原告李某居住在某小区,为该小区提供物业服务的是被告A公司,该小区尚未成立业主委员会,被告H宾馆与被告A公司签订一份租赁合同,租赁该小区内的一栋楼房开办宾馆。该小区专门设有步行街供业主休闲使用,步行街口设有一排不锈钢材质的立柱阻止汽车等车辆通行,被告H宾馆营业后,为了方便顾客将汽车开到宾馆门口将立柱拆除,小区业主强烈不满要求恢复立柱,后经过业主代表、H宾馆、A公司协商,形成妥协方案,立柱恢复设置(照片显示为铁质,高约50厘米),但中间处的间隔可以通过汽车,H宾馆在中间处设置一铁链并派专人看管以便在宾馆需要时摘掉铁链通过汽车。2008年7月9日晚23时许,原告李某在通过步行街口回家途中被铁链子绊倒受伤。原告李某被120急救车送往市中心医院治疗,花费医疗费80元,因该医院的检查机械故障又转送市骨科医院住院治疗22天,经诊断为左腿髌骨骨折。原告出院后又进行康复治疗,根据原告提供的医疗费票据显示医疗费支出计9387.67元,在住院期间通过医保记账支付4666.6元,原告实际支付4721.07元。诉讼中,原审法院委托某法医临床司法鉴定所进行司法鉴定,鉴定意见是:李某的继续治疗费用估算为4959~5956元;李某的损伤不构成护理依赖;受伤后所发生的误工期限为4~5个月。

五、实验过程

环节一:诉前准备

步骤1:将参加实验课程的学生按照本案所涉当事方分为若干小组。

步骤2:按照分组,分发相应的实验材料。

步骤3:查阅有关法规、相关案例,分析《侵权责任法》与最高人民法院《关于审理人身损害赔偿案件适用法律若干问题的解释》在有关安全保障义务问题上的区别。

步骤4:确定诉讼思路。诉讼思路的确定不仅要确保案件的胜诉,而且能够执行。

本案的焦点问题在于本案属于违约之诉还是侵权之诉?违约之诉和侵权之

① 案例来源于北大法意数据库:http://vip.chinalawinfo.com/Case/Result.asp?SFlag=11。

诉在责任构成要件、归责原则以及赔偿范围等方面的差异，决定了到底是提起违约之诉还是侵权之诉对当事人更为有利。

步骤5：调查收集证据。

对本案所涉的相关资料进行梳理，看当事人提交的证据是否充分，在哪些方面还存在欠缺，制作调查取证的行程安排。作为起诉一方主要是对自身没有过错进行证明，收集A公司没有尽到安全保障义务以及H宾馆存在过错的证据。同时还要对当时妥协协议签署的背景有所了解。A公司要证明自己依法履行了物业服务职责，本身也不存在过错，从而主张免责。H宾馆要收集证据证明自身也是A公司服务的对象且不存在过错，也不应承担责任。

环节二：进入诉讼程序

步骤1：起草起诉状，关键在于诉讼主体的确定。

步骤2：制作证据目录并提交证据。

步骤3：组织质证。

环节三：进入庭审程序

步骤1：法庭调查。

步骤2：证据交换。

步骤3：法庭辩论。

步骤4：法庭陈述总结陈词。

步骤5：下达判决书。

六、拓展思考

1. 最高人民法院《关于审理人身损害赔偿案件适用法律若干问题的解释》第6条的规定对本案中A公司责任的认定是否有影响？

2. 物业公司能否代表业主签署协议？如果在妥协协议上签字的业主代表并没有得到全体业主授权，对该案责任的承担有何影响？

实验十四 人身损害赔偿的赔偿范围与计算标准

一、实验目的

损害赔偿构成侵权行为的核心与焦点，在人身侵权行为中，如何对受害人的人身损害予以救济，就成为人身损害赔偿中一个非常关键的问题。本实验希望通过对人身损害赔偿的范围和计算标准的探讨，让学生了解人身损害赔偿的范围以及计算依据。

二、实验要求

(1) 掌握人身损害赔偿的范围；(2) 明确人身损害赔偿的计算依据。

三、实验原理

人身侵权行为中，无论是一般侵权行为，还是特殊侵权行为，都会涉及对受害人的损害赔偿问题。对于哪些项目该赔，哪些项目不该赔？确定赔偿的项目中，如何确定赔偿依据？在司法实践中有哪些惯常认定原则与方法？相关的司法解释有明确的规定，最高人民法院《关于审理人身损害赔偿案件适用法律若干问题的解释》第 17 条第 1 款规定：受害人遭受人身损害，因就医治疗支出的各项费用以及因误工减少的收入，包括医疗费、误工费、护理费、交通费、住宿费、住院伙食补助费、必要的营养费，赔偿义务人应当予以赔偿。第 17 条第 2 款规定：受害人因伤致残的，其因增加生活上需要所支出的必要费用以及因丧失劳动力导致的收入损失，包括残疾赔偿金、残疾辅助器具费、被抚养人的生活费，以及因康复护理、继续治疗实际发生的必要的康复费、护理费、后期治疗费，赔偿义务人也应当予以赔偿。第 17 条第 3 款规定，受害人致死的，赔偿义务人除应当根据抢救治疗情况赔偿本条第 1 款规定的相关费用外，还应当赔偿丧葬费、被抚养人生活费、死亡补偿费以及受害人亲属办理丧葬事宜支出的交通费、住宿费和误工费等其他合理损失。

1. 医疗费。

医药治疗费的赔偿，一般应以所在地治疗医院的诊断证明和医药费、治疗费、住院费的单据或病历、处方认定。赔偿义务人对治疗的必要性和合理性有异议的，应当承担相应的举证责任，必要时，可以委托法医予以鉴定。

所在地治疗医院，一般是指距离受害人住所或侵权行为发生地较近的医院。

受害人先后到数个距离基本相等的医院治疗的，一般应认定最先就诊医院的医疗费，但该医院治疗失误或有其他特殊情况的除外。

应经医务部门批准而未获准擅自另找医院治疗的费用，一般不予赔偿。

受害人重复检查同一科目而结果相同的，原则上应仅认定首次的检查费用，但治疗医院确需再行检查的除外。如检查结果不一致，确诊之前的检查费用均应认定。

受害人擅自购买与损害无关的药品或治疗其他疾病的，其费用不予赔偿。

受害人确需住院治疗或观察的，其费用应予赔偿。但出院通知下达后故意拖延，或治疗与损害无关的疾病而延长住院时间的，其延长期间的住院费不予赔偿。受害人进行与损害有关的必要的补救性治疗的费用，应予赔偿。

在诉讼过程中，治疗尚未结束的，除对已经治疗的费用赔偿外，对尚需继续治疗的费用，经有关医疗机构证明或者经调解双方达成协议的，可以一次性给付；也可以依照民事诉讼法的有关规定，告知受害人在治疗结束后另行起诉。但根据医疗证明或者鉴定结论确定必然发生的费用，可以与已经发生的医疗费一并予以赔偿。

2. 误工费的赔偿。

受害人误工日期，应当按其实际损害程度、恢复状况并参照法医鉴定或者治疗医院出具的证明等认定。

受害人的实际误工日期少于休假证明的，应以其实际的误工日期认定；实际误工日期多于休假证明的，一般应当根据休假证明认定。

受害人确需休养但无休假证明的，可在征求法医或治疗医院的意见后酌情处理。

受害人有固定收入的，误工费的赔偿应当按照其收入的实际损失计算。

固定收入，包括工资、奖金及国家规定的补贴、津贴，但不包括特殊工种的补助费。

奖金，以受害人上一年度本单位人均奖计算，超出奖金税计征起点的，以计征起点为限。受害人受害前由于自身原因无奖金收入的，其奖金不予计算。

受害人无固定收入，或者受害人是承包经营户或个体工商户的，其误工费的赔偿，可以参照受害人前一年的平均收入或者当地同行业、同工种、同等劳动力的平均收入酌定。如依法应向税务机关纳税的，应以税单为据。

受害人依法从事第二职业的，其实际减少的收入，应当予以赔偿。

受害人是另谋职业的离、退休人员的，其误工费的赔偿可以区别以下情况处理：(1) 符合政策法律规定的，其实际减少的收入应予赔偿；(2) 违反政策法律规定的，其赔偿要求不予支持。

受害人无劳动收入而要求赔偿误工费的，不予支持。如果受害人是家务劳动的主要承担者，因受害确实无法从事家务劳动造成其他家庭成员负担过重的，可酌情予以经济补偿。

受害人的实际收入高于当地居民平均生活费3倍以上的，按照3倍计算。

3. 护理费的赔偿。

受害人受害后的生活自理能力，一般应以法医的鉴定或者治疗医院出具的证明认定。

受害人生活确实不能自理的，其护理费应予赔偿。

护理期限，可以委托法医鉴定；也可以根据受害人的实际损害程度、恢复状况并征求治疗医院的意见后酌定。但最长不超过20年。

护理人员一般设一至二人，但确有必要的除外。

护理人员有收入的，护理费的赔偿可以按照关于误工费的规定计算。

护理人员无收入或者雇佣护工的，护理费的赔偿可以参照当地护工从事同等级别护理的劳务报酬标准计算或者参照当地居民平均生活费标准计算。

4. 交通费、住宿费的赔偿。

受害人到所在地医院治疗或者必须转院治疗的，其本人和必要的护理人员实际发生的交通费应予赔偿。

交通费的赔偿，一般应以公共电（汽）车、火车的硬座、轮船三等以下舱位等的收费标准计算。但伤情危急，交通不便或当地无上述车（船）的除外。

交通费的票据应与就医次数相符。票据少于就医次数的，一般可根据实际票据认定；票据多于就医次数的，应以实际就医次数认定。

必须到外地医院治疗的受害人，因医院无床位或其他原因的限制确需候诊且伤情不允许往返家中，或者往返家中的交通费高于住宿费的，其本人和必要的护理人员的住宿费应予赔偿。

住宿费的赔偿，可以按照当地国家机关一般工作人员的出差住宿标准计算，以住宿费的收据为凭。

5. 营养费的赔偿。

经法医鉴定或治疗医院证明，受害人伤情严重，确需补充营养食品作为辅助治疗的，其费用可以酌情赔偿。

营养费的赔偿，可以按照当地居民平均生活费标准的40% ~60%的比例计算。应赔偿的期限，可以委托法医鉴定，也可以在征求治疗医院的意见后酌定。

侵害人探视受害人时携带的食品，一般应当视为赠与。

6. 住院伙食补助费。

住院伙食补助费可以参照当地国家机关一般工作人员的出差伙食补助标准予以确定。

7. 残疾赔偿金。

残疾赔偿金根据受害人丧失劳动能力程度或者伤残等级予以赔偿。依照法医学的鉴定标准，残疾者丧失劳动能力的程度分为十级。经法医鉴定为一级的，其残疾赔偿金的赔偿，按照受诉法院所在地上一年度城镇居民人均可支配收入或者农村居民人均纯收入标准，自定残之月起，赔偿20年；2 ~10级的，以10%的比例依次递减计算。但60周岁以上的，年龄每增加1岁减少1年；75周岁以上的按5年计算。受害人因伤致残但实际收入没有减少的，或者伤残等级较轻但造成职业妨害严重影响其劳动就业的，可以对残疾赔偿金作相应调整。

残疾者的误工费和残疾赔偿金不得重复计算。以残疾者定残之日为界，之前由侵害人赔偿误工费，之后由侵害人赔偿残疾赔偿金。

8. 残疾辅助器具费。

残疾辅助器具费按照普通适用器具的合理费用标准计算。伤情有特殊需要的，可以参照辅助器具配置机构的意见确定相应的合理费用标准。辅助器具的更换周期和赔偿期限参照配置机构的意见确定。

9. 被抚养人生活费。

被抚养人生活费根据抚养人丧失劳动能力的程度，按照受诉法院所在地上一年度城镇居民人均消费性支出和农村居民人均生活消费支出标准计算。

依靠受害人实际抚养的人，是指受害人死亡或丧失劳动能力以前实际扶养、赡养、抚养而无其他生活来源的人。

依法应当由受害人抚养的人，在受害人死亡或丧失劳动能力前不需要其实际抚养，而在受害人受害后至人民法院裁决前丧失了生活来源，其要求侵害人支付必要生活费的，应予支持。

受害人至人民法院裁决前出生的子女有权要求侵害人支付必要的生活费。

受害人是唯一抚养人的，侵害人应承担依靠受害人实际抚养的人的全部的必要生活费；如还有其他抚养人，侵害人应承担受害人承担的相应份额。

被抚养人为未成年人的，计算至18周岁；被抚养人无劳动能力又无其他生活来源的，计算至20周年。但60周岁以上的，年龄每增加1岁减少1年；75周岁以上的，按5年计算。

10. 康复费。

康复费的赔偿范围限于因康复护理、继续治疗实际发生的必要的康复费。

11. 丧葬费的赔偿。

丧葬费，一般包括运尸、火化、普通骨灰盒和一期骨灰存放等费用。

丧葬费，按照侵权行为地的丧葬费标准支付。

死者家属拒不执行有关部门限期殡葬决定而增加的费用，不予赔偿。

死者家属违反有关殡葬的规定，大办丧事增加的费用，不予赔偿。

丧葬费按照受诉法院所在地上一年度职工月平均工资标准，以6个月总额计算。

12. 死亡赔偿金。

死亡赔偿金按照受诉法院所在地上一年度城镇居民人均可支配收入或者农村居民人均纯收入标准，按20年计算。但60周岁以上的，年龄每增加1岁减少1年；75周岁以上的，按5年计算。

四、实验材料

（一）法条材料

《侵权责任法》

第16条　侵害他人造成人身损害的，应当赔偿医疗费、护理费、交通费等为治疗和康复支出的合理费用，以及因误工减少的收入。造成残疾的，还应当赔偿残疾生活辅助具费和残疾赔偿金。造成死亡的，还应当赔偿丧葬费和死亡赔偿金。

第17条　因同一侵权行为造成多人死亡的，可以以相同数额确定死亡赔偿金。

（二）2009 年全国部分省市人身损害赔偿涉及的参考数据①

山东省：

（1）城镇居民人均可支配收入 17811 元/年

（2）城镇居民人均消费支出 12013 元/年

（3）农村居民人均纯收入 6119 元/年

（4）农村居民人均生活消费支出 4417 元/年

（5）城镇单位在岗职工年平均工资 29678 元/年

北京市：

（1）城镇居民人均可支配收入 26738 元/年

（2）城镇居民家庭人均消费性支出为 17893 元/年

（3）农村居民人均纯收入 11986 元/年

（4）农村居民人均生活消费支出为 9141 元/年

上海市：

（1）城镇居民人均可支配收入 28838/年

（2）农村居民人均可支配收入 12324/年

（3）城镇居民人均消费性支出 20992/年

（4）农村居民人均年生活消费支出 9804/年

（5）职工平均工资 39502/年

福建省：

（1）城镇居民人均可支配收入 19576.83 元/年

（2）农村居民人均纯收入 6680.18 元/年

（3）城镇居民人均消费性支出 13450.57 元/年

（4）农村居民人均生活消费支出 5015.72 元/年

河南省：

（1）全年农村居民人均纯收入 4806.95 元/年

（2）农村居民人均生活消费支出 3388.47 元/年

（3）城镇居民人均可支配收入 14371.56 元/年

① 这些数据来源于：http：//www.falvzaixian.com/dil_ com/news.asp？D_ ID = 172. 由于以上标准来源于网页，因此仅作为本书案例分析的参考依据，如在办理案件过程中需要使用相关数据，请到当地统计局核查相关权威数据。

（4）城镇居民人均消费支出 9566.99 元/年

四川省：

（1）全省城镇居民人均可支配收入 12633 元/年

（2）全省农村居民人均纯收入 4121 元/年

（3）全省城镇居民人均消费性支出 9679 元/年

（4）全省农村居民人均年生活消费支出 3128 元/年

（5）全省职工平均工资 24725 元/年

（2010 年 5 月 1 日后生效执行）

浙江省：

（1）城镇居民人均可支配收入 24611 元/年

（2）城镇居民人均可消费支出 16683 元/年

（3）农村居民人均纯收入 10007 元/年

（4）农村居民人均消费性支出 7375 元/年

安徽省：

（1）2009 年城镇居民家庭人均可支配收入 14085.7 元/年

（2）2009 年城镇居民家庭人均消费性支出 10234 元/年

（3）2009 年农民人均纯收入 4504.3 元/年

（4）2009 年农民家庭人均生活消费支出 3655 元/年

河北省：

（1）城镇居民人均年可支配收入 13441 元/年

（2）农村居民年纯收入 4795 元/年

（3）城镇居民人均年消费支出 9087 元/年

（4）农村居民人均年消费支出 3126 元/年

（5）职工年平均工资 24756 元/年

陕西省：

（1）城镇居民可支配收入为 14129 元/年

（2）城镇人均消费支出为 10706 元/年

（3）农村居民人均纯收入为 3438 元/年

（4）农村人均生活消费支出 3349 元/年

（5）在岗职工平均工资为 30293 元/年

海南省：

（1）城镇居民人均可支配收入 12608 元/年

（2）农村居民人均纯收入 4390 元/年

（3）城镇居民人均消费性支出 9408.48 元/年

（4）农村居民人均年生活消费支出 2883.10 元/年

（5）职工平均工资 21864 元/年

江苏省：

（1）城镇居民人均可支配收入 20552 元/年

（2）城镇居民生活消费支出 13153 元/年

（3）农村居民人均纯收入 8004 元/年

（4）农村居民人均生活消费支出 5804 元/年

（5）职工年平均工资 31667 元/年

（二）案例材料①

原告宁某某诉称，2000 年 12 月 20 日，我乘坐万某某驾驶的三轮摩托车行至某小区路口左转弯时，与方某某驾驶的汽车相撞，两车相撞后，万某某驾驶的三轮摩托车又与黄某某驾驶的汽车相撞，致使我受伤。经法医鉴定，我的伤残程度为Ⅸ级，除去被告已支付的医疗费用外，我要求被告赔偿我交通费、营养费、鉴定费、误工费、护理费、伤残补助费、被抚养人生活费等 52845.50 元。

被告万某某辩称，宁某某所述属实。在宁某某治疗期间，我已经为其支付医疗费 9310 元。现宁某某要求赔偿数额过高，我只同意赔偿其合理经济损失的 40%。

被告方某某辩称，宁某某所述属实。在宁某某治疗期间，我已为其支付医疗费 5000 元，我同意承担宁某某合理经济损失的 25%。

被告某运输公司辩称，我公司雇工黄某某在运输货物途中发生此次交通事故后，我方已支付宁某某医疗费 5000 元。我公司同意承担宁某某合理经济损失的 10%。

经审理查明，2000 年 12 月 20 日 12 时许，宁某某乘坐万某某所有并由其驾驶的三轮车由北向南行驶至某小区交叉口左转弯时，万某某驾车未让主道车先行，与同向行驶的方某某驾驶的某技术开发公司的上海桑塔纳小轿车相撞，两车相撞后，万某某的三轮车又与同向行驶的黄某某驾驶的某运输公司的东风拖挂大货车相撞，致使三轮车的乘车人宁某某受伤。事

① 案例来源于唐德华主编：《人身损害赔偿司法解释及相关法律案例评析》，人民法院出版社 2006 年版，第 641～649 页。

故发生后，经某分局交通支队调查认定，万某某在变更车道左转弯时，未让主道车先行，负交通事故的主要责任；方某某驾驶制动不合格的汽车，且车速过快，负事故的次要责任；黄某某超载运营，且挂车制动不合格，负事故的次要责任。宁某某受伤后，先后到某区医院、某附属医院治疗，经某附属医院诊断为：急性闭合性颅脑损伤，左额颞部脑挫裂伤，颅底骨折，颅神经损伤，左手外伤，左手食指、中指、环指、小指伸肌腱断裂，左手小指近指间关节开放性脱位。宁某某于2000年12月20日至2001年2月2日在某附属医院住院，经医院准许，宁某某在住院期间需陪护1人，在宁某某住院期间，万某某支付其治疗等费用9310元，方某某、某运输公司各支付医疗费5000元。2001年3月19日经某法庭科学技术鉴定研究所鉴定，宁某某属于Ⅸ级伤残。2000年12月20日至2001年4月2日宁某某因伤休假。为此，宁某某诉至法院，要求被告赔偿交通费317.50元，营养费940元，鉴定费400元，误工费6420元，护理费5640元，伤残补助费26128元，被抚养人生活费13000元，合计52845.50元。经法院核实，宁某某的医疗费为17786.50元，交通费317.50元，鉴定费400元。另查，宁某某之女于1995年12月26日出生，宁某某之子于1999年11月11日出生，宁某某之母，现年57岁，信阳市居民，生活困难，补助标准为每月210元。

五、实验过程

步骤1：将参加本次实验的同学分组。

步骤2：分发案例材料。

步骤3：查阅相关法规以及相关数据，比如信阳市上一年度的年生活水平数据等。

步骤4：确定赔偿范围即赔偿项目。

步骤5：确定赔偿依据及标准。

步骤6：制作证据目录。

步骤7：在各方之间划分责任范围。

步骤8：下达民事一审判决书。

步骤9：起草民事上诉状。

步骤10：根据一审情况，补充证据材料。

步骤11：组织质证。

步骤12：开庭审理。

步骤 13：下达二审判决书。

步骤 14：起草强制执行申请书。

六、课后训练

请根据下述情况结合上列赔偿标准计算赔偿数额。

（1）一个 9 岁安徽男孩因交通事故死亡的死亡赔偿金的计算。

（2）一个 22 岁海南未婚男青年交通事故致一级伤残的残疾补偿金以及护理费的计算。

（3）一个 34 岁山东男青年交通事故致二级伤残，他还有一个 4 岁儿子、妻子以及父母，被抚养人生活费以及残疾赔偿金的计算。

（4）一个 71 岁北京老大爷交通事故致三级伤残，他有两个儿子。老大爷应得的残疾补偿金以及护理费的计算。

实验十五　夫妻共同财产的范围及处分

一、实验目的

夫妻共同财产的认定与处分是婚姻家庭法律关系中的一个非常重要的环节，往往也是离婚诉讼中争议的焦点。我国法律既认可法定财产制，也承认约定财产制。在夫妻双方对于财产归属没有明确约定的情形下，实行法定财产制。通过本实验，能够对实践中出现的一些特殊财产比如买断工龄款是否属于夫妻共同财产，对于夫妻关系存续期间能否主张分割共同财产等问题有一个清晰的认识。

二、实验要求

(1) 夫妻共同财产的范围；(2) 夫妻约定财产制的条件；(3) 夫妻共同财产分割的原则。

三、实验原理

我国婚姻法对于夫妻财产一般情况下采取婚后所得法定共同所有。《婚姻法》第17条和第18条对哪些财产属于夫妻共同财产和哪些财产不属于夫妻共同财产作出了明确规定。且《婚姻法》第17条第2款还明确规定，夫妻对共同所有的财产，有平等的处理权。夫妻共同财产是最为典型的共同共有关系。共同共有是基于法律的规定或者当事人之间的约定而形成的，共有人对共有物不分份额地享有权利。共同共有人在共有关系存续期间，一般不得请求分割共同财产。《物权法》第99条规定，共有人约定不得分割共有的不动产或者动产，以维持共有关系的，应当按照约定，但共有人有重大理由需要分割的，可以请求分割；没有约定或者约定不明确的，按份共有人可以随时请求分割，共同共有人在共有的基础丧失或者有重大理由需要分割时可以请求分割。因分割对其他共有人造成损害的，应当给予赔偿。这似乎又为共有财产的分割提供了依据。“买断工龄”款能否作为夫妻共同财产予以分割，实践中有三种不同的看法。一种认为，夫妻一方所在企业发放的买断工龄款应按夫妻共同财产分割，其理由是买断工龄款属于一方劳动所得的收入，应作为家庭的共同生活费用，不能由任何一方独享。第二种观点认为，夫妻一方所在企业发放的买断工龄款不属于夫妻共同财产，其理由是买断工龄款与特定的人身不可分离，不论有无婚姻关系的存在，这种针对下岗而获得的财产的事实依然可以独立发生，而与婚姻关系无明显、必然的内在联系。买断工龄款带有较强的人身依附性，在本质上与工资、奖金有明显的区别。第三种观点认为，买断工龄款这种方式已被相关部门明令禁止，《婚姻法》及相关司法解释对此都没有规定。因此对买断工龄款应区分对待，如果属于夫妻共同生活期间的工龄段，则属于夫妻共同财产，婚前工龄段产生的买断工龄款应认定为一方的财产。离婚案件中涉及夫妻对公司所享有的股权时，应当遵循《公司法》和公司章程关于股权转让的规则。《公司法》对于股东身份无限制性规定，故夫妻双方作为股东设立的有限责任公司并不违反法律的规定，在婚姻关系存续期间，无论是用一方婚前的个人财产还是用夫妻共同财产投资设立的“夫妻公司”，公司经营所产生的收益均应属于夫妻共同财产。

四、实验材料

（一）法条材料

1.《婚姻法》

第 17 条　夫妻在婚姻关系存续期间所得的下列财产，归夫妻共同所有：

（一）工资、奖金；

（二）生产、经营的收益；

（三）知识产权的收益；

（四）继承或赠与所得的财产，但本法第十八条第三项规定的除外；

（五）其他应当归共同所有的财产。

夫妻对共同所有的财产，有平等的处理权。

第 18 条　有下列情形之一的，为夫妻一方的财产：

（一）一方的婚前财产；

（二）一方因身体受到伤害获得的医疗费、残疾人生活补助费等费用；

（三）遗嘱或赠与合同中确定只归夫或妻一方的财产；

（四）一方专用的生活用品；

（五）其他应当归一方的财产。

第 19 条　夫妻可以约定婚姻关系存续期间所得的财产以及婚前财产归各

自所有、共同所有或部分各自所有、部分共同所有。约定应当采用书面形式。没有约定或约定不明确的，适用本法第十七条、第十八条的规定。

夫妻对婚姻关系存续期间所得的财产以及婚前财产的约定，对双方具有约束力。

夫妻对婚姻关系存续期间所得的财产约定归各自所有的，夫或妻一方对外所负的债务，第三人知道该约定的，以夫或妻一方所有的财产清偿。

2. 最高人民法院《关于适用〈中华人民共和国婚姻法〉若干问题的解释(二)》

第16条　人民法院审理离婚案件，涉及分割夫妻共同财产中以一方名义在有限责任公司的出资额，另一方不是该公司股东的，按以下情形分别处理：

(一) 夫妻双方协商一致将出资额部分或者全部转让给该股东的配偶，过半数股东同意、其他股东明确表示放弃优先购买权的，该股东的配偶可以成为该公司股东；

(二) 夫妻双方就出资额转让份额和转让价格等事项协商一致后，过半数股东不同意转让，但愿意以同等价格购买该出资额的，人民法院可以对转让出资所得财产进行分割。过半数股东不同意转让，也不愿意以同等价格购买该出资额的，视为其同意转让，该股东的配偶可以成为该公司股东。

用于证明前款规定的过半数股东同意的证据，可以是股东会决议，也可以是当事人通过其他合法途径取得的股东的书面声明材料。

第17条　人民法院审理离婚案件，涉及分割夫妻共同财产中以一方名义在合伙企业中的出资，另一方不是该企业合伙人的，当夫妻双方协商一致，将其合伙企业中的财产份额全部或者部分转让给对方时，按以下情形分别处理：

(一) 其他合伙人一致同意的，该配偶依法取得合伙人地位；

(二) 其他合伙人不同意转让，在同等条件下行使优先受让权的，可以对转让所得的财产进行分割；

(三) 其他合伙人不同意转让，也不行使优先受让权，但同意该合伙人退伙或者退还部分财产份额的，可以对退还的财产进行分割；

(四) 其他合伙人既不同意转让，也不行使优先受让权，又不同意该合伙人退伙或者退还部分财产份额的，视为全体合伙人同意转让，该配偶依法取得合伙人地位。

第18条　夫妻以一方名义投资设立独资企业的，人民法院分割夫妻在该独资企业中的共同财产时，应当按照以下情形分别处理：

(一) 一方主张经营该企业时，对企业资产进行评估后，由取得企业一方给予另一方相应的补偿；

（二）双方均主张经营该企业的，在双方竞价基础上，由取得企业的一方给予另一方相应的补偿；

（三）双方均不愿意经营该企业的，按照《中华人民共和国个人独资企业法》等有关规定办理。

第 19 条　由一方婚前承租、婚后用共同财产购买的房屋，房屋权属证书登记在一方名下的，应当认定为夫妻共同财产。

第 20 条　双方对夫妻共同财产中的房屋价值及归属无法达成协议时，人民法院按以下情形分别处理：

（一）双方均主张房屋所有权并且同意竞价取得的，应当准许；

（二）一方主张房屋所有权的，由评估机构按市场价格对房屋作出评估，取得房屋所有权的一方应当给予另一方相应的补偿；

（三）双方均不主张房屋所有权的，根据当事人的申请拍卖房屋，就所得价款进行分割。

第 21 条　离婚时双方对尚未取得所有权或者尚未取得完全所有权的房屋有争议且协商不成的，人民法院不宜判决房屋所有权的归属，应当根据实际情况判决由当事人使用。

当事人就前款规定的房屋取得完全所有权后，有争议的，可以另行向人民法院提起诉讼。

第 22 条　当事人结婚前，父母为双方购置房屋出资的，该出资应当认定为对自己子女的个人赠与，但父母明确表示赠与双方的除外。

当事人结婚后，父母为双方购置房屋出资的，该出资应当认定为对夫妻双方的赠与，但父母明确表示赠与一方的除外。

3.《物权法》

第 99 条　共有人约定不得分割共有的不动产或者动产，以维持共有关系的，应当按照约定，但共有人有重大理由需要分割的，可以请求分割；没有约定或者约定不明确的，按份共有人可以随时请求分割，共同共有人在共有的基础丧失或者有重大理由需要分割时可以请求分割。因分割对其他共有人造成损害的，应当给予赔偿。

（二）案例材料

案例 1：

李某和王某已结婚近 30 年，财产皆由李某掌管，后李某到外地做生意，对家里不闻不问，王某作为一名家庭主妇，没有任何生活来源，也没有任何技能，生活无着落，为此，王某起诉要求分割由李某掌管的存款。该诉讼请求能否得到支持？

案例 2：

丁某、陈某（女）丧偶后，经人介绍相识并登记结婚，丁某为单位退休干部且年老多病，陈某结婚后对其予以精心照料，丁某每月在户名为陈某的存折上存入500元作为丁去世后陈某的生活费。5年以后，丁某起诉离婚，要求对该笔存款予以分割？该财产究竟是陈某个人财产还是夫妻共同财产？

案例 3：

甲为某国有企业的职工，其18岁就参加了工作，25岁时经人介绍与乙结婚，后国有企业改制，甲买断工龄后下岗，甲下岗后整天无所事事，甲乙之间矛盾激化，乙诉请离婚，试问，甲买断工龄所获得的补偿能否作为夫妻共同财产予以分割？

五、实验过程

分析案例 1

步骤一：简化材料，归纳争点。

本案是关于夫妻共同财产分割的问题。其焦点问题在于，夫妻关系存续期间，夫妻任何一方能否主张分割财产。

步骤二：寻找依据。

《婚姻法》第 17 条规定：夫妻对共同所有的财产，有平等的处理权。《婚姻法》第 20 条规定：夫妻有相互扶养的义务，一方不履行扶养义务时，需要扶养的一方，有要求对方给付扶养费的权利。《物权法》第 99 条规定，共有人约定不得分割共有的不动产或者动产，以维持共有关系的，应当按照约定，但共有人有重大理由需要分割的，可以请求分割；没有约定或者约定不明确的，按份共有人可以随时请求分割，共同共有人在共有的基础丧失或者有重大理由需要分割时可以请求分割。因分割对其他共有人造成损害的，应当给予赔偿。

步骤三：分析材料。

夫妻共同财产共同所有，属于典型的共同共有关系，按照传统的民法理论，在共有关系存续期间，是不允许对共同财产予以分割的，因为共同财产是共有关系存续的物质基础。但《物权法》第99条突破传统民法共有理论，允许共同共有人在特殊情况下请求分割共有物，同时还要保持共有关系。因此本案的关键在于准确把握在哪些特殊情况下可以主张分割，根据《物权法》第99条的规定，必须具有“重大理由”，何谓重大理由？需要司法实践不断探索总结，就本案而言，王某没有任何生活来源，生活无着落，应该被认定为符合重大理由的情形之一，应对其分割存款的主张予以支持。

分析案例2

步骤一：简化案例，归纳争点。

本案涉及对夫妻共同财产与个人财产的识别，争议的焦点在于丁某每月给陈某户头上的存款究竟属于共同财产还是陈某个人财产。

步骤二：寻找依据。

《婚姻法》第19条规定：夫妻可以约定婚姻关系存续期间所得的财产以及婚前财产归各自所有、共同所有或部分各自所有、部分共同所有。约定应当采用书面形式。没有约定或约定不明确的，适用本法第17条、第18条的规定。夫妻对婚姻关系存续期间所得的财产以及婚前财产的约定，对双方具有约束力。夫妻对婚姻关系存续期间所得的财产约定归各自所有的，夫或妻一方对外所负的债务，第三人知道该约定的，以夫或妻一方所有的财产清偿。

步骤三：分析材料。

本案的关键问题，在于查明丁某与陈某之间是否存在约定财产的事实，按照我国《婚姻法》第19条的规定，夫妻有权就财产归属问题进行约定，没有约定或者约定不明的，婚姻关系存续期间所得原则上属于夫妻共同财产。本案中丁某因年老多病，为保障其死后陈某的生计，自愿每月向其户头上存入500元，应视为双方对该部分财产的归属作出了明确的约定，该约定合法有效，符合约定财产制的构成要件，因此该部分存款应视为陈某的个人财产。

分析案例3

步骤一：简化案情，归纳争点。

本案同样涉及对夫妻共同财产的认定，由于《婚姻法》及相关司法解释对买断工龄款没有作出明确的规定，因此，关键在于对买断工龄款法律性质的认定，其是属于纯粹财产性质，还是具有人身属性。

步骤二：寻找依据。

《婚姻法》第17条、第18条。

另外，国家统计局1999年《1999年年报劳动统计新增指标解释及问题解答》中对买断工龄款的性质作出了回答：一次性买断工龄所支付给职工的费用从性质上说属于保障性质而非劳动报酬性质。

步骤三：分析材料。

本案的关键在于对买断工龄款的性质界定。如果将买断工龄款一律作为夫妻共同财产予以分割或者一律视为个人财产都是不尽合理的。买断工龄款是发放给职工的一次性补偿费用，与发放到军人名下的复员费、自主择业费等有相似之处。所以买断工龄款的归属可以参照对军人复员费、自主择业费的规定处理。最高人民法院《关于适用〈中华人民共和国婚姻法〉若干问题的解释(二)》第 14 条规定：人民法院审理离婚案件，涉及分割发放到军人名下的复员费、自主择业费等一次性费用的，以夫妻婚姻关系存续年限乘以年平均值，所得数额为夫妻共同财产。前述所称平均值，是指将发放到军人名下的上述费用总额按具体年限均分得出的数额，其具体年限为人均寿命 70 岁与军人入伍时实际年龄的差额。

实验十六　无效婚姻的处理

一、实验目的

无效婚姻是2001年《婚姻法》修改时增加的有关婚姻效力的法律制度。关于无效婚姻与可撤销婚姻之间的区别，无效婚姻的申请主体、无效婚姻的法定事由与阻却事由如何理解与运用，都是司法实践中迫切需要解决的问题。本实验将以无效婚姻的认定以及无效婚姻的法律处理程序为中心，深化理解《婚姻法》中有关无效婚姻的规定。

二、实验要求

(1) 能够正确区分无效婚姻与可撤销婚姻之间的区别；(2) 能够熟练处理有关无效婚姻的法律问题；(3) 熟悉无效婚姻的法律处理程序。

三、实验原理

现行《婚姻法》第10条第1款规定，“有下列情形之一的，婚姻无效：(一) 重婚的；(二) 有禁止结婚的亲属关系的；(三) 婚前患有医学上不应当结婚的疾病，婚后尚未治愈的；(四) 未到法定婚龄的”。最高人民法院《关于适用〈中华人民共和国婚姻法〉若干问题的解释（一)》第7条规定，有权依据《婚姻法》第10条规定向人民法院就已办理结婚登记的婚姻申请宣告婚姻无效的主体，包括婚姻当事人及利害关系人。利害关系人包括：(1) 以重婚为由宣告婚姻无效的，为当事人的近亲属及基层组织；(2) 以未到法定婚龄为由宣告婚姻无效的，为未达法定婚龄者的近亲属；(3) 以有禁止结婚的亲属关系为由申请宣告婚姻无效的，为当事人的近亲属；(4) 以婚前患有医学上认为不应当结婚的疾病，婚后尚未治愈为由申请宣告婚姻无效的，为与患者共同生活的近亲属。

当事人依据《婚姻法》第10条规定向人民法院申请宣告婚姻无效的，法定的无效婚姻情形在申请时已经消失的，人民法院不予受理。

同时，最高人民法院《关于适用〈中华人民共和国婚姻法〉若干问题的解释（二）》第5条对婚姻当事人死亡后，人民法院对申请宣告该婚姻关系无效的权利期间作出了规定，即“夫妻一方或者双方死亡后1年内，生存一方或者利害关系人依据婚姻法第十条的规定申请宣告婚姻无效的，人民法院应当受理”。最高人民法院《关于适用〈中华人民共和国婚姻法〉若干问题的解释（一）》第9条规定，对申请宣告婚姻无效的民事案件适用一审终审。婚姻一旦被宣告无效，自始无效，当事人之间不具有夫妻的权利义务关系。《婚姻法》第12条规定，同居期间所得的财产，由当事人协议处理，协议不成时，由人民法院根据照顾无过错方的原则判决。对重婚导致的婚姻无效的财产处理，不得侵害合法婚姻当事人的财产权益。这一规定比较模糊且不是很全面，最高人民法院《关于适用〈中华人民共和国婚姻法〉若干问题的解释（一）》第15条对此明确指出：被宣告无效或者被撤销的婚姻，当事人同居期间所得的财产，按共同共有处理。但有证据证明为当事人一方所有的财产除外。需要注意的是，被宣告无效的婚姻不得适用《婚姻法》有关夫妻财产制的规定。无效婚姻在被依法宣告无效后，双方当事人同居期间所得的财产，推定为双方的共有个人财产，主张归个人所有的，应承担证明责任。如果有证据证明为其个人所有的，认定为个人财产。对于双方共同共有的财产，按照《民法通则》有关一般共有财产的规定合理分割。但根据最高人民法院《关于适用〈中华人民共和国婚姻法〉若干问题的解释（一）》第8条的规定，当事人依据《婚姻法》第10条规定向人民法院申请宣告婚姻无效的，申请时，法定的无效婚姻情形已经消失的，人民法院不予支持。无效婚姻中原告申请撤诉的，不予准许；宣告婚姻无效的判决，一审终审；分别受理离婚案件和无效婚姻宣告案件，离婚案件应当待申请宣告婚姻无效案件作出判决后进行。人民法院审理申请宣告婚姻无效的案件，对婚姻效力的审理不适用调解，应当依法作出判决，而且对于审理婚姻效力的案件涉及财产分割和子女抚养问题的，应当对婚姻效力的认定和其他纠纷的处理分别制作裁判文书。

四、实验材料

（一）法条材料

1.《婚姻法》

第 10 条　有下列情形之一的，婚姻无效：

（一）重婚的；

（二）有禁止结婚的亲属关系的；

（三）婚前患有医学上认为不应当结婚的疾病，婚后尚未治愈的；

（四）未到法定婚龄的。

第 11 条　因胁迫结婚的，受胁迫的一方可以向婚姻登记机关或人民法院请求撤销该婚姻。受胁迫的一方撤销婚姻的请求，应当自结婚登记之日起 1 年内提出。被非法限制人身自由的当事人请求撤销婚姻的，应当自恢复人身自由之日起 1 年内提出。

第 12 条　无效或被撤销的婚姻，自始无效。当事人不具有夫妻的权利和义务。同居期间所得的财产，由当事人协议处理；协议不成时，由人民法院根据照顾无过错方的原则判决。对重婚导致的婚姻无效的财产处理，不得侵害合法婚姻当事人的财产权益。当事人所生的子女，适用本法有关父母子女的规定。

2. 最高人民法院《关于适用〈中华人民共和国婚姻法〉若干问题的解释(一)》

第 7 条　有权依据婚姻法第十条规定向人民法院就已办理结婚登记的婚姻申请宣告婚姻无效的主体，包括婚姻当事人及利害关系人。利害关系人包括：

（一）以重婚为由申请宣告婚姻无效的，为当事人的近亲属及基层组织。

（二）以未到法定婚龄为由申请宣告婚姻无效的，为未达法定婚龄者的近亲属。

（三）以有禁止结婚的亲属关系为由申请宣告婚姻无效的，为当事人的近亲属。

（四）以婚前患有医学上认为不应当结婚的疾病，婚后尚未治愈为由申请宣告婚姻无效的，为与患病者共同生活的近亲属。

第 8 条　当事人依据婚姻法第十条规定向人民法院申请宣告婚姻无效的，申请时，法定的无效婚姻情形已经消失的，人民法院不予支持。

（二）案例材料①

身患绝症的父亲离婚后，竟和自己的表姑结婚，4 个月后，父亲病情

① 案例来源于中国法院网，http：//www.chinacourt.org/html/article/200310/20/85945.shtml。

恶化。随后，16岁的女儿喃喃将表姑推上法庭，要求判定父亲的婚姻是无效婚姻，并要求表姑返还继承的财产。

喃喃称，她的父亲刘某与表姑王某是表兄妹，有三代以内的旁系血亲关系。她的家庭原本是一个平静、幸福的三口之家。但自1998年底，王某开始与父亲有不正当关系后，肆意插足他们的家庭，导致父母于2002年4月离婚。2003年1月，父亲检查发现肝癌，随即作了肝癌切除手术。3月下旬，在她父亲癌症开始扩散、病情加重、无法站立和说话的情况下，王某乘人之危，公然违反婚姻法，隐瞒血亲关系，于2003年3月24日要求丰台区婚姻登记处到病房办理了结婚登记。结婚仅4个多月，她父亲就因病情恶化去世了。喃喃因此请求法院确认并宣告王某与父亲的婚姻无效。王某在答辩状里认为，刘某与其前妻婚后不久就因性格不合，经常为一些琐事产生矛盾以致离婚。刘某患病后，她日夜守候，精心照料、护理，使刘某对自己产生了强烈的依恋。王某说，自己虽是刘某的表妹，但为了能够以妻子的身份请假照顾他，在其单位的支持下，也为了满足亲朋好友的愿望，她与刘某办理了结婚登记。2003年8月16日刘某去世，他们之间的婚姻关系也因刘某的去世而自然消失，法定的无效婚姻情形已经消失。人民法院应依法驳回喃喃的诉讼请求。

五、实验过程

环节一：确定本案的诉讼主体

原告：

被告：

环节二：喃喃最迟应当在哪一天提起诉讼？

环节三：本案中符合《婚姻法》中有关无效婚姻的哪一项规定？第　　项

环节四：本案是否符合最高人民法院《关于适用〈中华人民共和国婚姻法〉若干问题的解释（一）》第8条的规定？是　　否

环节五：喃喃在亲朋好友的劝说下，能否撤回起诉？是　　否

环节六：喃喃能否与其表姑进行调解？是　　否

环节七：制作判决书

环节八：撰写上诉状

环节九：组成合议庭

环节十：下达二审判决书

六、拓展思考

1. 请根据新《婚姻法》及最高人民法院《关于适用〈中华人民共和国婚姻法〉若干问题的解释（一）》和最高人民法院《关于适用〈中华人民共和国婚姻法〉若干问题的解释（二）》对本案判决进行评析。

2. 无效婚姻与可撤销婚姻在处理程序及法律后果上有何区别？

七、课后训练

案例分析①

原告：孙某某，女。

被告：悉某某，男。

原告孙某某与被告悉某某系亲姑舅表兄妹关系。1985年9月2日原、被告办理了结婚登记。并于1987年6月13日生一女孩，于1989年6月18日生一男孩。至今，双方共同生活了18年之久。

原告诉称：原、被告性格不合，被告经常打骂原告，致使原告在外躲藏。现原告要求解除与被告的婚姻关系，婚生的男孩、女孩由原告抚养，被告支付抚养费，共同财产依法分割。

原告提交的证据有：结婚证1份；户口本1份；A市卫生学校检查单据1份，证明原告有胃病。

被告辩称：我与原告于1985年9月2日登记结婚，并取得结婚证，我们虽然是姑舅表兄妹结婚，但已共同生活18年之久，并生育一儿一女。我们结婚至今没有生过气，我也没有打骂原告，故我不同意离婚。

县人民法院审理认为：原、被告于1985年9月2日办理了结婚登记，取得结婚证，确立了夫妻关系。但双方系亲姑舅表兄妹关系，属三代以内旁系血亲范围，属法律禁止结婚的情形。《中华人民共和国婚姻法》第7条规定："有下列情形之一的，禁止结婚：（一）直系血亲和三代以内的旁系血亲……"第10条规定："有下列情形之一的，婚姻无效：（一）重婚的；（二）有禁止结婚的亲属关系的……"故原、被告的婚姻实属无效

① 案例来源于协议离婚网，http：//www.xieyilihun.org/129a.html。

婚姻。原、被告所生的两个孩子现已满10周岁，法院在开庭审理中，两个孩子均表示愿随被告悉某某生活。最高人民法院《关于人民法院审理离婚案件处理子女抚养问题的若干具体意见》第5条规定：父母双方对10周岁以上的未成年子女随父或随母生活发生争执的，应考虑该子女的意见。故两个孩子应随被告生活。原告应当每年支付相应的抚养费，至两个孩子年满18周岁止，抚养费按1991年原、被告所在地某县某村上年度农民人均纯收入的20%计，即399.4元。依照《中华人民共和国婚姻法》第7条第1项、第10条第2项、第37条，最高人民法院《关于人民法院审理离婚案件处理子女抚养问题的若干具体意见》第5条之规定判决如下：

(1) 宣告原告孙某某与被告悉某某的婚姻无效。

(2) 原、被告所生的两个孩子随被告生活，原告每年12月30日前支付抚养费给两个孩子各399.4元，计至孩子年满18周岁止。

(3) 原、被告共同财产中黑白电视机1台、缝纫机1台、两组合柜1套、电扇两个、水泵1台、自行车1辆归原告所有，其余归被告所有。

案件受理费50元，原、被告各半负担。

实验十七　合伙的法律问题

一、实验目的

合伙是现代市场中比较普遍的一种商业组织形式，其成立灵活，法律手续简便。但在实践中，基于各种原因，既有图省事，碍于情面，甚至有时是为了规避法律等，在合伙的成立以及合伙事务的执行中出现了许多不规范的现象，比如挂名合伙人的出现、口头合伙协议的存在等。正因为如此，合伙中存在的问题也比较多，通过本次实验，要求对合伙中的一些常见法律问题的处理有一个基本的思路，同时也要总结合伙中需要注意的问题。

二、实验要求

（1）掌握合伙成立的条件；（2）掌握合伙债务的承担原则；（3）理解合伙解散后的债务处理规则和财产分配原则。

三、实验原理

合伙是指两个或者两个以上民事主体以经营共同事业为目的，自愿签订合同，共同出资、共同经营、共享收益、共担风险，对外负无限连带责任的联合体。成立合伙必须具备以下几个要件：（1）有两个以上合伙人，合伙人为自然人时须具有完全行为能力；（2）合伙人须订立书面的有效合伙协议，且该协议已经生效；（3）有合伙人认缴或者实际缴付的出资；（4）有合伙组织的名称和生产经营场所，且名称中应当标明“普通合伙”字样；（5）核准登记。合伙人对合伙债务承担无限连带责任。合伙企业在解散或者退伙时，按照《合伙企业法》第20条的规定，合伙企业存续期间，合伙人的出资和所有以合伙企业名义取得的收益均为合伙企业的财产。这就表明合伙企业法在一定程度上认可了合伙企业财产的相对独立性，与合伙人的财产区分开来。《合伙企业法》第38、39条对合伙企业对外承担债务作出了规定：合伙企业对其债务，应先以其全部财产进行清偿。合伙企业不能清偿到期债务的，合伙人承担无限连带责任。对于合伙企业的利润，其分配的基本原则是：首先尊重当事人的意思，其次由法律规定的分配原则作为弥补性手段。

四、实验材料

（一）法条材料

《合伙企业法》

第4条　合伙协议依法由全体合伙人协商一致、以书面形式订立。

第14条　设立合伙企业，应当具备下列条件：

（一）有二个以上合伙人。合伙人为自然人的，应当具有完全民事行为能力。

（二）有书面合伙协议。

（三）有合伙人认缴或者实际缴付的出资。

（四）有合伙企业的名称和生产经营场所。

（五）法律、行政法规规定的其他条件。

第20条　合伙人的出资、以合伙企业名义取得的收益和依法取得的其他财产，均为合伙企业的财产。

第33条　合伙企业的利润分配、亏损分担，按照合伙协议的约定办理；合伙协议未约定或者约定不明确的，由合伙人协商决定；协商不成的，由合伙人按照实缴出资比例分配、分担；无法确定出资比例的，由合伙人平均分配、分担。

合伙协议不得约定将全部利润分配给部分合伙人或者由部分合伙人承担全部亏损。

第89条　合伙企业财产在支付清算费用和职工工资、社会保险费用、法定补偿金以及缴纳所欠税款、清偿债务后的剩余财产，依照本法第三十三条第一款的规定进行分配。

（二）案例材料①

上诉人（原审原告）：张某，男，1949年10月出生，河北省A县××村农民

委托代理人：陈某，男，1924年生，住北京市

委托代理人：路某，男，1935年生，住北京市

上诉人（原审被告）：闫某，男，1959年生，河北省A县××村农

① 案例来源于最高人民法院网，2004年1月23日访问。

民，住北京市

委托代理人：田某，河北某律师事务所律师

张某与闫某因合伙纠纷一案，双方均不服河北省高级人民法院(1998)冀民初字第17号民事判决，向最高人民法院提起上诉。最高人民法院经审理查明：A县电动阀门厂原系张某个人投资开办的小型铸造企业，当时挂靠在张某所在的村。1994年4月，张某与闫某口头协商合伙经营该厂，约定：双方合伙经营期间按5∶5的比例分配利润和承担风险。双方共同经营期间，聘请闫某的弟弟闫小某任会计，聘请张某的妻子王某为出纳，共同负责合伙企业的财务。双方自成立合伙关系起，二人除按月领取工资外，均未从企业提取过利润，只是每年年底将利润在账面上按5∶5比例分割后转入下年资本金投入企业，用于扩大再生产。1998年3月，张某退出企业管理，自此合伙企业一直由闫某主持生产和经营。后因双方发生纠纷，张某于同年9月起诉至一审法院，请求依法解除双方的合伙关系，对合伙企业的共同财产依法依约分割，将应属张某所有的资产500余万元判归其所有。同年10月，张某又变更了诉讼请求，以会计出具的经营报表有误，经其核对双方原始出资的有关书证，张某出资总额为283809.85元，闫某出资总额为36300元为由，请求对合伙企业财产按照双方出资比例进行分割，将应属张某所有的资产700余万元判归其所有。

另查明：1998年8月，闫某及会计闫小某因客观原因未在企业，该月的企业往来账款留在出纳王某手中，提起诉讼后这一部分账款一直由张某掌控。一审法院曾决定组织双方对账以便澄清事实，但因张某不同意对账未果。根据张某提供的合伙企业1997年《经营情况表》，截至1997年底，企业已实收资本金4304602.95元，利润3636758.55元，应付福利59064.65元，总计8000426.15元，闫某对此表示认可。根据闫某提供的1998年7月31日企业《资产负债表》，截至1998年7月31日，企业实收资本金为7885861.48元，1998年1月至7月实现利润2170389.96元，应付福利176496.75元，总计10232748.19元。在一审庭审中双方一致同意以此计算合伙企业的总资产，并就1998年1月至7月的平均利润推算8月至12月的利润。故截至1998年底，合伙企业总资产为11783026.69元。鉴于诉讼中双方均表示同意解除合伙关系，但又均要求继续留厂经营，一审法院经多次调解无效后，曾采取竞价方式解决此问题，结果未成。

在二审期间，张某提交了1998年8月份合伙企业的账目与票据，但闫某认为张某提交的票据中含有大量白条，表示不予对质和认可，并表示只有张某交回该月份从企业支取的230万元后，其才能制作合伙企业1998年9月份以后的财务账目。张某对闫某的意见亦不同意。

一审法院认为，双方基于共同的意思表示，共同出资、共同经营A县电动阀门厂，其行为不违反法律规定，故双方依法对合伙企业享有的财产权应受法律保护。虽然双方关于原始出资的方式、数额及比例没有书面约定，但从企业的原始出资账册上看，双方均履行了各自的出资义务。诉讼前张某对外多次声称自己是企业的1/2股东，而且多年来双方按照约定的5∶5比例分配企业利润，故双方按5∶5比例享有企业财产权的事实，证据充分足以认定。

张某关于受到闫某的欺诈，双方出资不对等并要求以其主张的出资比例分享企业财产权之主张，因其既不能举证证明所诉事实的发生，又不能证明出资比例与享有企业财产和权利比例之间的因果关系，应予以驳回。现双方因诸多矛盾发生诉讼并一致请求解除合伙关系，又均表示继续留厂经营，为公平起见，法院曾采取双方竞价方式妥善解决，但因张某不同意按5∶5比例分割企业财产权，出价条件不对等而未果。考虑到双方的实际经营能力以及产品销售对企业生存与发展的重要影响，决定在充分保护张某合法权益的前提下，判令闫某继续留厂经营，并由闫某在合理期限内分期分批付给张某企业资产一半的财产份额，以充分保护双方的合法权益，同时又有利于企业的继续经营与发展。据此判决：（1）解除张某与闫某的合伙关系，A县电动阀门厂由闫某所有并经营；（2）张某在合伙企业中的财产份额由闫某按企业1998年底总资产的一半付给张某5891513.345元，1999年1月以后至判决生效之日止，每月按1998年月平均利润310055.7元的一半支付，两年内付清；（3）张某占有的1998年8月A县电动阀门厂账款于判决生效后10日内交还闫某；（4）驳回张某的其他诉讼请求。

一审判决后，双方均不服提起上诉。张某上诉称：一审法院未对合伙企业原始资本金和现有企业资产总额进行审计，基本事实没有查清。由于闫某投资不到位，只能根据投资额的比例分割现有资产总额。无视双方投资多少，仍按5∶5比例分割利润显失公平。故请求撤销一审判决，解除双方的合伙关系，A县电动阀门厂由张某继续经营。对合伙企业原始资本金和现有资产总额进行重新审计、评估，并按合伙人实际投资比例依法进行分割等。闫某上诉称：一审判决认定1998年7月31日以前的合伙资产时，没有考虑扣除应付税款和职工福利费，上述款项应从总资产中予以扣除。在合伙人尚不知道企业盈亏的情况下，一审判决断然认定合伙企业必然盈利，并推定了盈利期限“1999年1月以后至本判决生效之日止”，同时推算出月平均利润为310055.7元。这一认定显然没有任何法律依据，不应予以支持。故请求二审法院查清事实，并对资产总额依法改判。

最高人民法院认为，张某与闫某之间虽然没有订立书面合伙协议，但双方当事人均承认其合伙关系，又具备合伙的其他条件，故双方之间的合伙关系应予以认定。合伙经营积累的财产，应归张某和闫某共有。因双方约定合伙经营期间按5∶5的比例分割利润和承担风险，在实际履行中双方将利润在账面上按5∶5比例分割转为资本金并据此制作了年度财务报表，对此张某并未提出过异议。现张某主张按照出资比例分割利润，缺乏依据，故不予以支持。双方在一审庭审中一致同意以合伙期间财务报表载明的10232748.19元计算1998年7月31日前合伙企业的总资产，二审期间虽然张某表示反悔，但未能提供相反的证据。故对其主张本院不予以支持。对于一审法院按1998年1月至7月平均利润推算8月至12月利润之问题，因双方在一审庭审中均表示同意推算，张某没有提供1998年8月份的账款，闫某没有提供1998年9月份以后的账目，一审法院按此处理并无不当。关于闫某对一审法院推算1999年1月以后的利润所提的异议，因闫某声称没有做账，亦未提供相反证据，也不予以支持。至于闫某提出应扣除相应税费等主张，因属于合伙企业尚未实际支出的财产，本案只处理合伙关系解除后的财产分割，所涉税款应由双方当事人根据税法的有关规定另行交纳，对此不做处理。一审判决张某将1998年8月的账款交还闫某超出了当事人的诉讼请求范围，且账款数目不清，对此应予以纠正。根据《中华人民共和国民事诉讼法》第153条的规定，判决如下：(1) 维持河北省高级人民法院（1998）冀民初字第17号民事判决第1、2、4项；(2) 撤销河北省高级人民法院（1998）冀民初字第17号民事判决第3项。

五、实验过程

环节一：诉前准备

步骤1：分析各方当事人之间的法律关系的性质，到底是合伙关系还是雇佣关系？

步骤2：对于诉争对象的财务资料予以保全。

步骤3：申请诉前财产保全。

环节二：进入一审程序

步骤1：撰写起诉状。

步骤2：制作证据目录。

步骤3：提交答辩状。

步骤4：组织双方质证。

步骤5：开庭审理。

步骤6：调解。

步骤7：下达一审判决书。

环节三：进入二审程序

步骤1：撰写上诉状。

步骤2：申请财务审计。

步骤3：提交新证据。

步骤4：组织双方对新证据予以质证。

步骤5：开庭审理。

步骤6：委托拍卖电动阀门厂的经营权。

步骤7：调解。

步骤8：下达二审判决书。

环节四：进入再审程序

步骤1：撰写再审申请书。

步骤2：驳回再审申请。

六、拓展思考

(1) 在合伙企业应具备的形式要件未具备时，是否影响合伙的本质？

(2) 合伙财产的分割与合伙利润的分配是否一回事？是否适用同一标准？

七、课后训练

案例分析①

王某、李某、张某三人于1997年10月达成协议，集资10万元共同开设某商店，其中王某出资2万元，李某出资3万元，张某出资5万元，

① 案例来源于赵旭东主编：《新编商法案例教程》，中国民主法制出版社2008年版，第172页。

三人约定按出资比例分享盈利，分摊亏损。1997年12月，年终结算，略有盈利，三人按协议进行了分配。1998年6月开始，三人发生了意见分歧。1998年9月，王某个人贷款投资经营的个体零担长途运输，因所运海鲜腐烂，损失4万元，王某变卖了他的运输车辆清偿债务，还清了贷款，但仍欠某渔场2万元。1998年11月，王某未与李某、张某商量，私自退伙，并取走了自己出资的2万元。同年年终结算，该合伙商店共亏损6万元，这时，李某也要求退伙，合伙难以维持。1998年底，商店散伙。李某、张某商定分摊商店的亏损，王某以自己已经退伙为由，拒绝分摊。李某、张某商定按进货价格计算，分别分得价值1.5万元、2.5万元的商品，但对合伙债务未作处理。

1999年1月初，与该商店有业务往来的某厂获悉该商店散伙以后，即找到张某，要求张某清偿该店1987年的拖欠货款6万元。张某认为按合伙协议他只承担债务的50%，并且要求以商品折价计算。某厂又找到李某，李某避而不见，找王某偿还，王某则以自己退伙为由，拒绝清偿。为此，该厂起诉到人民法院。同时，由于王某欠某渔场2万元债务久久不还，渔场也诉诸法院，要求王某偿还债务。

问题：该案应如何处理？

实验十八 民事诉讼程序

一、实验目标

民事诉讼既要理清实体问题，也要遵循程序要求。本次实验的目的是使学生了解民事纠纷的立案条件和程序，独立完成立案工作；正确甄别起诉主体，确定诉讼当事人；了解民事诉讼证据的种类与性质，掌握举证的要求和举证责任的分配以及法院对证据的质证、认证和调查取证的范围及程序，熟悉法院审查判断证据的原则与规则。掌握一审程序和二审程序以及再审程序基本诉讼流程的操作。

二、实验要求

(1) 识别不符合民事立案条件的民事纠纷，并独立完成起诉必需材料的准备工作；(2) 识别不同法院的管辖，独立完成管辖法院确定中特殊情况的处理；(3) 正确判断各类民事诉讼案件的诉讼时效与诉讼费用的计算；(4) 能够正确识别有独立请求权、无独立请求权第三人的适用条件以及参加诉讼的方式；(5) 掌握法院审查判断证据的原则与规则；(6) 明确一审程序中各阶段的主要任务；(7) 掌握提起二审程序的条件以及程序；(8) 掌握提起审判监督程序的条件以及程序。

三、实验原理

(一) 立案条件

根据民事诉讼法及相关法律、法规的规定，人们法院管辖的民事案件主要有以下几类：一是合同纠纷；二是物权纠纷；三是侵权纠纷；四是债务纠纷；五是担保纠纷；六是知识产权纠纷；七是婚姻法调整的人身财产纠纷；八是劳动纠纷；九是由海商法调整的海上运输关系和船舶关系引起的海事纠纷；十是适用民事诉讼法中特别程序、督促程序、公示催告程序的几类非民事权益争议。同时，立案必须满足以下条件：第一，原告是与本案有直接利害关系的公民、法人和其他组织；第二，有明确的被告；第三，有具体的诉讼请求和事实、理由；第四，属于人民法院受理民事诉讼的范围和受诉人民法院管辖。第五，不违背一事不再理原则。

(二) 确定管辖的规则

民事诉讼法确定人民法院管辖遵循以下几条原则：一是便利当事人进行诉讼和便利人民法院行使审判权；二是均衡各级人民法院的工作负担；三是维护国家主权。因此在确定管辖时要符合级别管辖、地域管辖、专属管辖、协议管辖的基本要求，严格遵循民事诉讼法有关级别管辖、地域管辖和指定管辖的规定。对需要移送管辖的必须移送管辖，对管辖异议成立的必须裁定驳回起诉。

(三) 诉讼当事人的确定

诉讼当事人是以自己的名义要求人民法院保护其民事权利、受人民法院裁判约束的起诉方和被诉方。到底将涉案当事人列为共同原告或被告还是第三人直接关系到权利的实现。在司法实务中，引起必要共同诉讼的原因主要有：(1) 各共同诉讼人之间存在着权利义务共同关系；(2) 各共同诉讼人之间存在着连带债权或者连带债务；(3) 数人共同致他人损害。由于在必要共同诉讼中诉讼标的具有同一性，法院只能合并审理，如果在起诉或者应诉时，有部分当事人没有参加诉讼，就需要追加当事人。第三人诉讼，是指对于已经开始的诉讼，案外人以该诉讼的原告、被告为被告提出一个独立的诉讼请求，或者主张独立的利益，或者为了自己的利益，辅助该诉讼一方当事人进行辩论的人。第三人诉讼将直接关系到案件的实体处理，所以正确确定第三人的诉讼地位对于案件的处理至关重要。

(四) 证据的审查判断

证据在诉讼中具有举足轻重的地位，一切权利主张都需要证据来支持，而且要达到证明的标准。对案件事实的证明必须达到以下四项标准：(1) 据以定案的证据已经查证属实；(2) 案件事实均有必要的证据予以证明；(3) 证据之间、证据与案件事实之间的矛盾得到合理的排除；(4) 得出的结论是唯一的，排除了其他可能性。是否能够提供充分的证据将直接影响到裁判的结果，所以举证责任的分配是证明责任制度的核心。最高人民法院《关于民事诉讼证据的若干规定》第 2 条规定，当事人对自己提出的诉讼请求所依据的事实或者反驳对方诉讼请求所依据的事实有责任提出证据加以证明。没有证据或者证据不足以证明当事人的事实主张的，由负有举证责任的当事人承担不利后果。为了防止证据占有一方隐瞒证据，保护弱势一方，法律在某些特殊案件中实行举证责任倒置，以平衡当事人之间的利益。

(五)民事诉讼的审理程序

民事诉讼的一审程序构成了民事审判程序的基础，民事诉讼的诸多原则、制度在该程序中都有充分的体现。法院开庭审理要严格遵循程序要求，比如公开审理原则、辩论原则、回避原则、合议制度的贯彻等。唯有严格遵守法定的审理程序，才能够有效地保证诉讼的正常进行。在诉讼进行中如果出现某些特殊情况，还可能出现撤诉、缺席判决、延期审理、诉讼中止等情形，恰当运用这些诉讼措施有助于正确裁判案件。我国实行两审终审制，对于一审判决不服的，可以依法提出上诉；对于终审判决不服的，在判决生效后 2 年内可以申请再审。审判监督程序，是独立于审级之外的一种重要的程序制度，其启动有较为严格的法律限制，必须具有《民事诉讼法》第 179 条所规定的提起再审的理由。对于提起再审的案件，审理法院可以维持原判、依法改判或者发回重审。为了有效、和谐地解决纠纷，在一审、二审和再审程序中都可以运用法院调解制度。调解可以有效地解决纠纷。经调解之后，当事人各方不得以同一诉讼标的、同一事实和理由再行起诉，也不得提起上诉，调解协议具有强制执行性。因此调解结案已成为各级法院追求的目标。

四、实验材料

(一)法条材料

1.《民事诉讼法》

2. 最高人民法院《关于适用〈民事诉讼法若干问题的意见〉》

3. 最高人民法院《关于第三人能否对管辖权提出异议问题的批复》

4. 最高人民法院《关于当事人就级别管辖提出异议应如何处理问题的函》

5. 最高人民法院《关于执行级别管辖规定几个问题的批复》

6. 最高人民法院《关于在确定经济纠纷案件管辖中如何确定购销合同履行地的规定》

7. 最高人民法院《关于如何理解关于适用〈中华人民共和国民事诉讼法〉若干问题的意见第 31 条第 2 款的批复》

8. 最高人民法院《关于经济合同的名称与内容不一致时如何确定管辖权问题的批复》

9. 最高人民法院《关于审理商标民事纠纷案件适用法律若干问题的解释》

10.《诉讼费用交纳办法》

11. 最高人民法院《关于在经济审判工作中严格执行〈中华人民共和国民事诉讼法〉的若干规定》

12. 最高人民法院《关于适用〈中华人民共和国合同法〉若干问题的解释(一)》第16、24、25、27、28、29条

13. 最高人民法院《关于民事诉讼证据的若干规定》

14. 最高人民法院《关于严格执行公开审判制度的若干规定》

15. 最高人民法院《关于人民法院合议庭工作的若干规定》

16. 最高人民法院《第一审经济纠纷案件适用普通程序开庭审理的若干规定》

17. 最高人民法院《关于人民法院民事调解工作若干问题的规定》

18. 最高人民法院《关于人民法院对民事案件发回重审和指令再审有关问题的规定》

19. 最高人民法院《关于当事人对驳回其申请撤销仲裁裁决的裁定不服而申请再审，人民法院不予受理问题的批复》

20. 最高人民法院《关于当事人按自动撤回上诉处理的裁定不服申请再审人民法院应如何处理问题的批复》

由于所涉法条内容过多，请同学们自行查阅，此处只列出法条及司法解释名称，具体内容不一一列举。

（二）案例材料

案例1：

2007年6月24日，甲某在乙航空公司的售票中心购买了同年6月25日武汉飞往深圳的Z1167次航班机票一张，票价为1280元。6月25日甲某到机场办理了登机手续，领取了登机牌，在通过机场安检检查口时，因其向安检人员出示变造的个人居民身份证，致使其机票、航空人身保险单、民航机场管理建设费凭证、登机牌等被安检人员扣留，并被带到机场安检办公室查问。办公室工作人员收缴了甲某使用的变造身份证，不准其乘机。此时甲某才出示了其真实居民身份证，并称其到深圳有急事，请求准许其乘坐该次航班。经安检人员查明甲某真实身份后，视其有急事，为方便旅客，便未将甲某移送公安机关审查，而按民航旅客须知（国内运输）有关“误机系指旅客未按规定时间办妥乘机手续或者因其旅行证件不符合规定而未能乘机”的规定，以甲某证件不符合规定为由对甲某作误机处理，并退还其半价机票款和航空人身保险单等。甲某重新购买了该次航班机票，按时乘坐该次航班到达深圳。2007年8月15日，甲某以乙航空公司收缴其飞机票并对其作误机处理，罚收半价机票缺乏法律依据为由与其交涉，双方协商处理未果，遂形成诉讼。

案例2：

河北某油脂公司与武汉某贸易公司在武汉签订一份成品食用油供货合同，约定：由该油脂公司向武汉贸易公司按照每壶30元的价格供应一批食用油，由该油脂公司负责发货到武汉，货到付款。后双方因货款结算发生纠纷，该油脂公司在其所在地法院提起诉讼。

案例3：

2005年9月16日，原告周某向被告某天然气公司提出申请，要求为"××酒楼"安装使用非居民用天然气。原告周某以自己的名义，与被告签订了"天然气供用气协议"后，被告即为"××酒楼"安装了天然气，并投入使用。使用中，原告之妻王甲每月按时缴纳了燃气费。2006年5月，原告之妻王甲缴费时，得知燃气价格上涨，双方为燃气价格问题争执不下，导致缴费未果。2006年7月8日，被告以原告逾期未缴纳燃气费为由，对"××酒楼"拆表停气。原告诉至法院，要求被告恢复供气、价格按原合同约定价格执行并赔偿损失。又查明，"××酒楼"的登记业主是王乙，实际为王甲与其妹王乙共同出资、共同经营。

案例4：①

1997年6月，原告某H汉办经人介绍认识了卢某（原中国农业银行S区支行××路办主任），并表示在××路办开设账户并想转存高息存款。遂后，卢某为某H汉办开设了一般结算户，账号为8010＊＊＊12。嗣后，某H汉办将自由资金550万元汇入该账户。其间，原告称在被告原主任卢某办公室联系该存款业务时，卢某向原告介绍黄某为被告单位负责业务工作的副主任。1998年6月18日，黄某以××路办副主任身份与某H汉办订立"协议书"一份，该协议书约定：某H汉办在××路存款人民币550万元整，存款年利率18%，其中存单利率为7.8435%，期限1年，到期连本带息一次支付，余下10.1565%部分，存款到账时付清；此笔存款不得提前支取等条款。该协议由某H汉办盖行政印章，黄某盖"农行武汉分行××路储蓄所0707（1）储蓄专用章"。同日，黄某在某H汉办处

---

① 案例来源于吴家友主编：《湖北法院要案评析》，人民法院出版社2003年版，第83～101页。

要求其填写“转账支票”一张，该票由某H汉办填写载明：时间1997年6月18日，付款行名称农行××路办，出票人账号8010＊＊＊12，人民币大、小写550万元，用途转款。出票人签章与其开户预留印鉴相符。但该票收款人一栏，某H汉办在黄某的要求下未予以填写。某H汉办将以上“转账支票”交给黄某后，黄某随即交给某H汉办编号为0112956“农行武汉市分行整存整取定期储蓄存单”。该存单系手写，票面载明：户名为某H汉办，账号为8010＊＊＊12，存入人民币550万元整，存入日1997年6月18日，到期日1998年6月18日，存期1年，利率7.8435%，到期利息431392.5元，该存单盖有“农行武汉分行××路储蓄所0707（1）储蓄专用章”。1997年6月18日，黄某将某H汉办的转账支票交给卢某，卢某将某H汉办转账支票上的收款人亲自填写为湖北某丁实业发展有限公司，并将该支票所载票款由科目801转至对方科目872。同日，黄某以湖北某丁实业发展有限公司的财务人员身份签出转账支票一张，该支票载明：时间1997年6月18日，付款行名称农行××路办，收款人为某H汉办，人民币大小写558607.50元，用途还款，出票人由湖北某丁实业发展有限公司财务专用章、黄某签章，该支票由××路办从科目872转至对方科目622（活期账户）。由黄某将该转款活期存折交某H汉办作为支付550万元存款“存单”以外的10.1565%高息部分。该款项某H汉办已实际领取，该款领取后的活期存折已由××路办储蓄柜收回。

1998年6月18日，原告某H汉办到××路办去办理兑付到期“定期存单”时，卢某对某H汉办说，因黄某骗了银行的钱跑了，你们这笔钱银行认账。并要求某H汉办将到期的存款本息合计为本金再延期转存3个月，某H汉办同意后，卢某亲自安排打印出“农行武汉市分行整存整取定期储蓄存单”一份，编号为0422127。该“存单”载明：户名某H汉办，存入日1998年6月18日，到期日1998年9月18日，到期利息42706.03元，存入人民币大小写5931392.50元，该“存单”到期后，某H汉办到××路办兑付该“存单”遭拒。1998年10月上旬，卢某因多起涉嫌金融诈骗案被本单位报案，现已刑事拘留。

另查，湖北某丁实业发展有限公司因未经工商登记注册，查无此公司。××路办主任卢某为该公司设立银行结算账户系违规操作。黄某也非××路办工作人员。

又查，武汉市公安局刑事科学技术鉴定书的鉴定结论为：0112956号存单上盖有印文“0707（1）××路储蓄专用章”与“协议书”上所盖此章相同，但该章与送检所提供的单位公章样本进行比对，存在明显差异。对0422127号储蓄存单上盖有的四枚印文与相关样本进行比较，也存在明显差异。

以上事实有“协议书”、0212956号“存单”、0422127号“存单”、某H汉办1997年6月18日的550万元转账支票及存根及进账单、“湖北某丁实业发展有限公司1997年6月18日的558607.50元转账支票、湖北省工商行政管理局关于“湖北某丁实业发展有限公司”未经登记注册的证明、武汉市公安局刑事科学技术鉴定书、武汉市经侦三大队三次对卢某的询问笔录。

原审认为，原告某H汉办与农行××路办不构成真实的存款关系，某H汉办依据“存单”要求按单兑付存款的诉讼请求，法院不予支持。被告××路原主任卢某的行为是职务行为，××路办应对原告某H汉办资金损失承担一定赔偿责任，原告某H汉办以获高息为目的，不到××路办储蓄柜台上办理正常存款事宜，而是将550万元转账支票收款人空栏交给黄某，并在××路办储蓄营业场所以外先后接受黄、卢二人交付的存单，其对资金的损失也应承担一定的责任。S区支行作为××路办的主管部门应对××路办所承担的责任负连带赔偿责任。判决原告对资金损失承担30%的责任，被告对资金损失承担70%的责任，S区支行对该70%的责任承担连带责任。

一审判决后，原告和被告均提起上诉。二审中经审理查明：原审认定的事实除“原告在被告原主任卢某办公室联系存款业务时，卢某向原告介绍黄某为被告单位负责业务工作的副主任”一节因无充分证据佐证而不应认定外，其余均属实。

二审法院认为：某H汉办以存单为重要证据起诉××路办及S区支行，其诉讼请求为判令被告付清人民币550万元存款的本金及利息并赔偿经济损失，且其在二审中将赔偿经济损失明确界定为“除本息外，不及时支付的占用资金的损失”。因此，本案应属存单纠纷。原审判决将本案案由确定为资金损失赔偿纠纷，并作出实体判决系审非所诉，定性错误，应予纠正。某H汉办上诉请求二审法院依法改判由××路办、S区支行共同承担赔偿其存款损失的全部经济责任，变更了其在一审中的诉讼请求，于法无据，不予支持。原审判决仅以某H汉办原负责人的陈述及其经办存款事项的工作人员的证言，认定××路办原主任卢某向某H汉办介绍黄某为××路办的副主任，证据不充分。××路办关于某H汉办一方证人的证言显属利害关系人的证言，不能作为定案证据的上诉理由成立，予以支持。根据刑事技术科学鉴定结论及本案的其他证据可以认定，某H汉办作为提起诉讼的重要证据的存单系黄某伪造，并非××路办临柜工作人员所交付。某H汉办在收到黄某交付伪造的存单的同时，交给黄某一张金额为550万元收款人为空白的转账支票，此时，黄某即该支票的持有人。根据《票据法》第82条和第87条的规定，应视为某H汉办已经授权作为持票人的黄某对空白收款人予以补记。其后，涉案资金550万元均进入湖北某丁实业发展有限公司在××路办设立的账户。因此，某H汉办与××路办不存在真实的存款关系。至于××路办和S区支行对某H汉办的550万元资金的流失是否应当承担赔偿损失的责任，属另一法律关系，本院不予审理，当事人可依法另行起诉。二审法院判决如下：撤销一审判决，驳回其他诉讼请求。

某H汉办不服二审判决，向最高人民法院提出再审申请。其间，××路办事处被注销。

证据清单：

1. 某H汉办会计对案情经过的回忆；

2. 某H汉办550万元转账支票，资金用途为“转款”收款人为“湖北某丁实业发展有限公司”；

3. 某丁实业公司55.86075万元转账支票，资金用途为“还款”，收款人为“某H汉办”；

4. 二审法院对某H汉办工作人员的调查笔录——主要证明当时办理存款的经过；

5. 1998年经侦处对原某H汉办主任的调查笔录；

6. 武汉中院对卢某犯罪案件作出的《刑事判决书》，该判决书表明对本案并没有涉及。

五、实验过程

环节一：确定立案范围

步骤1：根据案件材料1分析此案的性质，是否属于民事管辖的范围。

步骤2：起草起诉书（原告必须亲笔签名，原告是法人的，起诉书必须由法定代表人签字及单位盖章），民事起诉书至少应准备一式三份（一个被告），如果被告是多人的，每增加一个被告，诉状就要相应地增加一份。

步骤3：提供原告的相关证明：如果是自然人，应向法院提交身份证复印件；如果是法人，应向法院提交营业执照复印件及法定代表人身份证明书。

步骤4：提交被告的相关证明：如果是自然人，须提交其住所地；如果是法人，须提交被告的营业执照复印件或者工商部门出具的工商登记情况。

步骤5：提交诉讼代理人委托书，区分一般代理和特殊代理。

步骤6：立案法院的案件受理通知书和举证通知书。（提示：必须保留，以备调查取证时使用）。

环节二：管辖确定与分辨

步骤1：识别与确定管辖相关的事实要素。

步骤2：确定是否存在专属管辖、级别管辖或者协议管辖的情况。

步骤3：确定是否满足提出管辖权异议的条件。

步骤4：起草管辖权异议申请书。

环节三：起诉主体甄别

步骤1：仔细阅读案例材料3，确定案件性质。

步骤2：根据案件性质，确定诉讼当事人。

步骤3：分析当事人是否具备诉讼能力。

步骤4：分析确定本案是否存在共同诉讼人、第三人。

环节四：进入一审程序

步骤1：根据案例材料4，按前三个环节完成案件性质分析、管辖确定以及起诉主体的甄别工作。

步骤2：撰写民事起诉状、民事答辩状。

步骤3：挑选出与案件争议事实相关的证据材料，并根据证据的特征加以初步识别与判断，识别民事证据的种类。

步骤4：分析争议案件的证明对象，判断有无免证事实。

步骤5：合理分配举证责任，正确运用举证责任倒置等举证规则。

步骤6：运用申请法院调查取证，证据保全的程序，完成证据的收集。

步骤7：完成证据性质分析并归类，制作证据目录。

步骤8：组织双方进行证据交换并质证。

步骤9：对证据进行审核认定。

环节五：进入民事案件普通程序审理流程

1. 书记员检查庭审设施是否完备，标志牌是否齐全，摆放到位。

2. 书记员检查当事人、诉讼代理人是否到庭。

（1）原告××，委托代理人××是否到庭。

（2）被告××，委托代理人××是否到庭。

（3）第三人××，委托代理人××是否到庭。

3. 书记员宣布：请当事人、委托代理人入庭按席就座。

4. 书记员宣布：请大家肃静，现在宣布法庭纪律。

5. 书记员宣布：现在请本案审判长和合议庭成员入庭，全体起立。

6. 书记员向审判长报告当事人及诉讼代理人出庭情况。

7. 审判长宣布开庭：人民法院民事审判庭，依照《中华人民共和国民事诉讼法》第120条（二审案件为第152条第1款）的规定，今天公开（不公开）审理原告（或上诉人）与被告（或被上诉人）纠纷一案，现在开庭（不公开开庭审理的，应说明理由）。

8. 核对当事人身份。

（1）审判长宣布核对当事人、诉讼代理人的身份。

（2）原告（或上诉人）向法庭陈述自己的姓名、性别、出生年月日、籍贯、职业、住所地（诉讼代表人需陈述姓名、职业、住所地；法定代表人需陈述姓名、职业、单位住所地），委托代理人向法庭陈述自己的身份及代理权限。

（3）被告（或被上诉人）、第三人（或原审第三人、原审原告、原审被告）及委托代理人向法庭陈述自己的身份。

9. 审判长询问当事人：

（1）原告（上诉人）对对方出庭人员的身份有无异议？

（2）被告（被上诉人）对对方出庭人员的身份有无异议？

（3）第三人对原、被告（或上诉人、被上诉人）出庭人员的身份有无异议？

（4）当事人均表示无异议后，审判长宣布：各方当事人（及其诉讼代理人）符合法律规定，可以参加本案诉讼。

10. 被告（或上诉人）、第三人经传票传唤，无正当理由拒不到庭的，审判长应宣布：被告（或上诉人）、第三人（或原审第三人、原审原告、原审被告）××经本院××年××月××日送达开庭传票，无正当理由拒不到庭，依照《中华人民共和国民事诉讼法》的规定，本庭依法决定缺席判决。

11. 审判长：依照《中华人民共和国民事诉讼法》的规定，本案依法组成合议庭审理，由审判员（或代理审判员）××担任审判长，审判员（或者代理审判员）××参加合议，书记员××担任记录。会计师（工程师、翻译）××接受本院委托担任本案的鉴定人（勘验人、翻译人）。

12. 审判长：现在告知当事人在法庭上的诉讼权利和诉讼义务。

13. 审判长询问当事人：原告（或者上诉人）、被告（或者被上诉人）第三人（或原审原告、原审被告、原审第三人）是否听清当事人在法庭上的诉讼权利和诉讼义务？是否申请合议庭组成人员及书记员、鉴定人（或勘验人、翻译人）回避？

当事人提出回避申请的，审判长应要求当事人陈述申请回避的理由，然后宣布：由于本案当事人××对合议庭成员××或者书记员（鉴定人、勘验员、翻译人）××提出回避申请，现在休庭，待作出是否回避的决定后继续开庭。

14. 当事人对驳回回避申请的决定不服，申请复议的，不影响案件的开庭。对复议申请应当在3日以内作出复议决定，并通知复议申请人。

15. 审判长宣布：现在进行法庭调查，法庭调查旨在通过双方当事人及其诉讼代理人的陈述、举证、质证，查明案件事实，重点是当事人争议的事实以及本合议庭认为应当调查的事实。依照《中华人民共和国民事诉讼法》第64条的规定，当事人对自己的主张有责任提供证据，反驳对方的主张也应当提供证据或者说明理由。

16. 当事人陈述。

17. 当事人提出增加、变更诉讼请求（上诉请求），审判长应询问被告（被上诉人），原告（上诉人）提出××（陈述增加或变更诉讼请求或者上诉请求），根据《中华人民共和国民事诉讼法》的规定，原告（上诉人）增加（变更）的诉讼请求你方可以要求当庭审理，也可以要求在15天答辩期满后开庭审理。被告（被上诉人）是否同意当庭审理？

若被告（被上诉人）不同意当庭审理，审判长应宣布：由于原告（上诉人）增加（变更）诉讼（上诉）请求，被告（被上诉人）××要求在答辩期限内答辩，本案将延期审理（或当庭宣布下一次开庭日期），现在休庭。

18. 审判长告知当事人举证程序和要求。一审案件的审判长应告知原告按诉讼请求的各项内容分别举证。

（1）由原告（上诉人）对自己的主张向法庭提交证据，由被告（被上诉人）进行质证。

（2）由被告（被上诉人）提交反驳原告（上诉人）诉讼（上诉）请求的证据，原告（上诉人）质证。

（3）由第三人（或原审原告、原审被告、原审第三人）举证。

（4）当事人举证完毕后，如发现一方或者双方对自己的某些主张没有举证，审判长应告知：原告（上诉人）或者被告（被上诉人）所述关于××的证据，应在庭审后××日内向法庭提交，并在下次开庭时进行质证。逾期不提交，视为不能举证，承担相应的法律后果。

19. 证人出庭作证。证人出庭作证应当由当事人在庭审前或者法庭辩论结束前提出。

（1）传证人出庭。

（2）要求证人向法庭出示有效身份证件，询问证人姓名、性别、出生年月日、工作单位、职务、住所地、与当事人的关系。

（3）向证人宣布权利和义务：根据《中华人民共和国民事诉讼法》第70条、第102条的规定，凡是知道案情情况的单位和个人，都有义务出庭作证；证人要如实向法庭陈述案件事实，不得虚假陈述，否则要承担相应的法律责任；证人依法作证的权利受法律保护，法律禁止对证人作证进行打击报复。

（4）证人向法庭陈述自己知道的案件情况。

（5）经审判长许可，当事人分别向证人发问。

（6）合议庭成员向证人提问。

（7）证人退庭。证人确有困难不能出庭的，由提供证人的当事人向法庭宣读证人的书面证言，对方当事人进行质证。

20. 鉴定人（勘验人、翻译人）出庭作证。

21. 宣读或者出示合议庭调查收集的证据。

（1）法庭宣读书证及证人证言、勘验笔录；当庭出示物证；当庭播放视听材料。

（2）当事人对法庭出示的证据分别发表质证意见。

22. 审判长询问双方当事人有无新的证据出示。

23. 审判长询问合议庭成员有无向当事人发问的问题。宣布由合议庭向当事人调查与案件有关的问题。要求一方当事人陈述，另一方当事人作出肯定或者否定的回答。提问应当公正、客观、明确，不得带有倾向性。

24. 审判长宣布休庭，由合议庭对庭审质证的证据进行评议后继续开庭。（如果案件疑难复杂，或对有些证据需要庭审后再调查核实，无法当庭认证的，可以直接进入法庭辩论程序，待法庭辩论结束后休庭，合议庭评议后再开庭认证并宣判）。

25. 恢复庭审，法庭认证。由审判长根据当事人举证、质证和合议庭调查，核实情况，分别对当事人出示的证据进行确认。

26. 审判长宣布法庭调查结束。当事人要求提供新的证据或者合议庭认为事实尚未查清，确需人民法院补充调查、收集证据或者通知新的证人到庭或者必须进行鉴定、勘验，因而有必要延期审理的，可以宣布延期审理。

27. 审判长宣布：下面进行法庭辩论。法庭辩论的目的是在法庭调查的基础上，通过当事人发表辩论意见，提出法律依据，分清是非责任。双方当事人应当围绕本案双方当事人争议的问题及法庭确认的事实和证据，提出维护自己诉讼请求和反对对方主张的辩驳意见。在辩论中，应实事求是，举出法律依据，讲明道理，不得进行人身攻击。

28. 根据《中华人民共和国民事诉讼法》第127条的规定，法庭辩论应按下列顺序进行：

（1）原告（上诉人）及其诉讼代理人发言。

（2）被告（被上诉人）及其诉讼代理人发言。

（3）第三人（原审原告、原审被告、原审第三人）及其诉讼代理人发言。

（4）相互辩论。

根据案件需要，审判长可宣布进入第二轮辩论，但应强调不得重复上一轮意见，并可限定当事人及其诉讼代理人每次发表意见的时间。

29. 法庭辩论时，合议庭成员不得对案件性质、是非责任发表意见，不得与任何一方当事人进行辩论。

30. 法庭辩论时，当事人又提出新的事实和证据，审判长可视情况宣布中止辩论，恢复法庭调查。

31. 审判长根据辩论情况征询各方当事人意见，如无补充意见，宣布辩论结束。

32. 审判长按原告（上诉人）、被告（被上诉人）、第三人（原审原告、原审被告、原审第三人）的顺序要求各方陈述最后意见。

33. 根据《中华人民共和国民事诉讼法》第9条、第85条的规定，人民法院审理民事案件，应当根据自愿合法原则，在查清事实、分清是非的基础上进行调解。

34. 审判长应分别征询当事人是否愿意在合议庭的主持下进行调解，当事人均同意调解时，应分别由各方当事人提出调解方案。合议庭也可以根据当事人的请求提出调解方案，供当事人参考。也可以根据当事人的请求和时间安排，休庭后再继续调解。

35. 双方当事人经调解达成协议的，合议庭应当宣布调解结果，告知当事人调解书经双方当事人签收后即具有法律效力。当事人不愿意调解，或经调解不能达成协议的，应当宣布调解无效。

36. 审判长宣布休庭，由合议庭对案件进行评议后宣布判决。

37. 经合议庭评议，事实清楚，适用法律明确，能够当庭宣判的案件，应当当庭宣判。评议中如果发现案件事实尚未查清，需要当事人补充证据或者人民法院自行调查收集证据的，或尚需鉴定、勘验的，无法当庭宣判的，审判长应宣布另行开庭审理和判决，并说明理由。

38. 恢复庭审。书记员宣布：全体起立，请审判长和合议庭成员入庭。审判长和合议庭成员入庭后，书记员宣布：请坐下。

39. 审判长根据法庭调查、辩论情况和合议庭评议意见，对证据进行评述，认定案件事实，并说明处理纠纷的法律依据。

40. 审判长宣读判决。宣判时，应由书记员宣布全体起立。判决宣读完毕，书记员宣布：请坐下。

41. 审判长宣布闭庭。书记员宣布：全体起立，请审判长和合议庭成员退庭。审判长和合议庭成员退庭后，书记员宣布：请旁听人员退庭，当事人及诉讼代理人核对庭审笔录。

42. 根据《中华人民共和国民事诉讼法》第133条的规定，当事人和其他诉讼参与人认为对自己的陈述记录有遗漏或者有差错的，有权申请补正。如果不予补正，应当将申请记录在案。法庭笔录由当事人和其他诉讼参与人签名或者盖章，拒绝签名盖章的，记明情况附卷。

环节六：一审判决

步骤1：制作判决书或者裁定书。

步骤2：下达判决书或者裁定书。

环节七：进入二审程序

步骤1：确定提起二审的事实与理由。

步骤2：起草上诉状。

步骤3：提交答辩状。

步骤4：撰写证据调查申请书。

步骤5：提交新证据。

步骤6：开庭审理。

步骤7：主持调解。

步骤8：调解失败下达判决书。

环节八：审判监督程序

步骤1：提起再审申请或者向检察院提出请求要求提起抗诉。

步骤2：裁定驳回再审申请或者裁定中止原裁判的执行，另行组成合议庭。

步骤3：发生法律效力的判决、裁定是由第一审人民法院作出的，按照第一审程序审理；发生法律效力的判决、裁定是由第二审人民法院作出的，按照第二审程序审理；人民检察院提出抗诉的案件，人民法院再审时，应当通知人民检察院派员参加。

步骤4：再审案件的裁判结果：维持原判、依法改判、发回重审、驳回起诉、调解结案。

六、拓展思考

1. 审判监督程序的价值如何体现？

2. 修正后的民事诉讼法对当事人申请再审的规定有何意义？

3. 修正后的民事诉讼法对法院审理再审案件的程序新增了哪些规定？

七、课后训练

请根据上述程序画一个民事诉讼过程的示意图，形式不限。

实验十九　法律文书的制作

一、民事起诉书的制作

（一）民事起诉书的制作一般分为以下几个步骤

环节一：首部的确定

步骤1：标题。首先写标题，即诉讼文书的特定名称，在文书的开头写明“民事起诉状”。

步骤2：确定案由。是侵权之诉还是违约之诉或者其他，将直接影响到下一步诉讼参与人的确定。

步骤3：案件参与人。写明当事人及其诉讼代理人的基本情况，书写的顺序为先原告、后被告、再第三人，有几个列几个，有代理人的则在相应的当事人情况后面列明。

（1）当事人：当事人是自然人的，应依次写明姓名、性别、出生年月日、工作单位和职务、住址等基本信息。当事人是法人或者其他组织的，应写明其名称、地址、法定代表人（或者主要负责人）的姓名等基本信息。

需要注意的是，原告、被告的姓名、名称要以身份证或者营业执照上登记的为准，不得使用简称或者谐音字，否则将会对当事人的身份产生质疑。

（2）有诉讼代理人的，如果是律师，只需要写明其姓名和所在的律师事务所即可，如果是法定代理人或者当事人的近亲属或者其他一般公民，应写明其性别、年龄、工作单位与职务，与当事人的关系。

（3）共同诉讼中多名当事人应当依次写清，诉讼代理人应分别写明是法定代理人或者委托代理人。由于被告的确定直接关系到诉讼的管辖，因此起诉状的制作人应当学会通过被告的合理选择来确定最佳管辖法院。

环节二：诉讼请求

步骤1：诉讼请求的确定。诉讼请求是原告起诉所希望达到的目的，同时也是法院审理的范围。由于诉讼请求决定案件的性质，尤其是民商事诉讼中，原告请求什么，法院就审理什么，诉讼请求直接决定案件适用的法律和原告实体权利的实现。因此，原告在制作起诉书时应当写明请求人民法院解决什么争执，满足什么具体要求。诉讼请求的制作应当明确具体、言简意赅，而不能闪烁其词、拖泥带水。当然诉讼请求并不是越多越好，而应该合情、合理、合法，如果有多项诉讼请求，应该分别予以列明，而且尽量对自己的诉讼请求寻求事实和法律依据。

(1) 诉讼请求的表达应当明确。比如对于违约责任的承担，不能在诉讼请求中笼统地说请求承担违约责任，而应该具体写明要求承担何种违约责任，是继续履行，还是赔偿责任或者承担违约金，如果是赔偿损失或者承担违约金应该写明具体的赔偿数额。还比如对于离婚诉讼，如果希望离婚的，应该在请求中写明请求法院判决离婚，而不是说要求法院解决婚姻问题。总之，对于自己的请求事项必须有非常明确的指向，这样才能给法院一个明确的审判方向。

(2) 诉讼请求应当合理、合法。诉讼请求合理合法是该请求能否得到支持的一个关键所在。换句话说，每一项诉讼请求都应当有法律依据。如果提出的诉讼请求没有相应的法律依据，当事人不但不能获得相关的利益，还可能为此支付额外的诉讼费用。

(3) 诉讼请求应当具有逻辑层次性。诉讼请求要有层次性，如果有多项诉讼请求的，应当逐项列出，避免遗漏，而且要注意各项之间应该具有一定的逻辑关系。比如，对于离婚案件，诉讼请求首先是请求法院判决离婚，其次才涉及财产分割和子女抚养，最后才是离婚损害赔偿或者诉讼费用的承担问题。再比如在债务承担案件中，首先应要求被告偿还债务，其次才是偿还利息，最后才是本案诉讼费用的承担。对诉讼请求中利息的计算，要注意不同银行在不同业务中的利率不同，例如活期存款利率、定期存款利率和贷款利率等，以免造成计算结果的错误。一般情况下，原告在起草起诉状时可按照银行同期贷款利率计算，从而使得诉讼请求数额较大。但是，诉讼请求中请求金额的确定直接关系到诉讼费用的缴纳，因此，原告在制作起诉状时也应该考虑到因败诉而需要承担的风险。

步骤2：诉讼请求的变更。原告方起诉以后，通过审查分析被告在答辩期限内提交的答辩状和举证期限内提交的证据，或者原告在举证期限内发现自己的诉讼请求与实体权利内容不相适应，就需要通过变更诉讼请求的形式，请求法律保护自己的民事实体权利。当然，如果原告主张的法律关系的性质或民事行为的效力与法院根据案件事实作出的认定不一致的，原告可以随时变更诉讼请求，受诉法院亦有应当告知当事人可以变更诉讼请求的义务。如果原告方实际受侵害的程度超出起诉状请求的数额，就可以增加诉讼请求的标的数额，使自己的合法权益得到充分保护；如果原告方起诉后，被告已自动履行了部分诉讼请求内容，原告方实际受损害的程度已小于诉讼请求的数额，就可以减少诉讼请求的金额，以减少不必要的诉讼费用支出。

环节三：事实与理由

事实与理由是民事起诉状的核心部分。该部分主要是要说明你所提出的诉讼请求的事实根据和法律依据，并且要附上基本的证明材料。

事实部分主要是案件发生的前因后果，对于起诉状中的事实部分的叙述不仅要求客观真实，而且要言简意赅，抓住争议的焦点问题以及发生分歧的原因。比如在违约请求中，就要求将事实重点放在对方当事人是如何没有按照合同约定的时间、地点、方式履行合同上以及因此所造成的损失上。比如侵权案件的事实重点应在于侵权事实发生的原因，以说明其过错程度；侵权行为发生后所造成的损失，包括经济损失与精神损害，以说明请求赔偿的依据。事实部分的叙述，要注意“六要六不可”：一要和诉讼请求一致，不可互相矛盾；二要内容具体，不可抽象空洞；三要实事求是，不可夸大缩小；四要关键情节详细叙述，不可含糊其辞；五要有理有据，不可捕风捉影；六要有理有节，不可搞人身攻击。① 在讲清事实部分以后，就要对该事实的性质、结果以及法律责任有一个分析概括。

理由的阐述一般可以分为以下三个层次：(1) 对被告违约或者侵权的事实进行概括、归纳；(2) 依据有关法律、法规、政策等，联系上述事实，该行为违反了哪一个规定；(3) 援引民事诉讼法的规定，作为提起诉讼的依据。理由一般按照如下格式撰写：综上所述，(分析说明纠纷的性质、对方的过错、危害行为以及危害结果)，根据____法第____条的规定，被告的行为导致了何种侵害，应承担何种责任，请求人民法院依法判决，维护原告的合法权益。

一般来说，起诉状叙述事实和理由应当详略得当，应当详尽的一定要详尽具体，比如对于案件发生事实的叙述，这将影响到案件能否立案。对于自己非常有利且确凿的事实也应该详尽。但该模糊的一定要模糊，比如有待举证的事实，就可以尽量模糊。至于其他的事实，原告可在庭审调查中补充、质证。起诉状是公开的诉讼法律文书，在递交给法院后要送达给被告，被告根据原告的起诉状来递交答辩状。如上所述，原告应在起诉状中尽量阐述对自己有利的事

① 参见刘国涛、范梅玉：《法律文书学》，重庆大学出版社 2005 年版，第 254 页。

实，但应遵循客观原则和实事求是的要求。①

根据民事诉讼法的规定，起诉人向法院递交的各种证据，被起诉人及其律师可以通过阅卷的形式摘抄、复制，也就是说法院的卷宗对于诉讼双方当事人来说是完全公开的。因此，原告及其律师在递交起诉书时不要轻易提交证据，而应根据具体案情决定是否提交，如何提交，一般仅提交符合起诉条件的起诉证据即可。当然，如果案件事实清楚，有足够的胜诉把握，原告及其律师也可以将证据附随起诉状一并提交。但对于案情较复杂而且变数较大的情况，则不适合一并提交，防止被告及其诉讼参与人过早熟悉己方的诉讼信息，并向对方暴露自己的致命弱点。对方有可能针对这些信息和弱点搜集反证，甚至不惜借助伪证来推翻自己的诉讼请求。

环节四：尾部

步骤1：写明致送法院。即“此致××人民法院”。

步骤2：署名和日期，署名时注意具状人与代书人之区别。

步骤3：“附”主要包括两项即起诉书副本的份数和证据份数。

（二）常见错误与分析②

1. 当事人基本情况错误，有三处比较典型：

（1）不能笼统写诉讼代理人，应区分法定代理人和委托代理人；

（2）有法定代理人的，不要漏写与原告或者被告之间的关系；

（3）有第三人的，其写法与原告、被告一样，同样要写明与原告、被告之间的关系；原告、被告是法人的，必须标注住所，以方便送达。

2. 诉讼请求方面有四处常见错误：

（1）未写明请求解决的具体争议；

（2）未写明赔偿的具体数额；

（3）混淆赔偿范围，如有些情形下精神损害赔偿根本就不会被支持却被写入诉讼请求，枉费诉讼费；

（4）诉讼请求缺乏逻辑和层次性。

3. 在事实和理由部分，比较典型的错误有：

（1）事实阐述不清；

（2）未写明要求赔偿的事实和理由；

（3）未指明被告违法行为的性质及未引用法律条款，笼统地说根据相应

① 参见朱德楷：《律师谋略》，法律出版社2006年版，第48页。

② 参见黄勇：《商事法学实验教程》，北京大学出版社2008年版。

法律、法规的规定。

4. 证据部分则注意把握证据所要证明的事实须简明概括。

5. 尾部附项中的诉状副本一定要有，并且份数要视被告人人数而定。

范例：

民事起诉状

原告：×××、×××、……，共315人，均系购买某甲商品房VIP卡的客户。

被告：某A置业有限公司，法人代表：×××

诉讼请求：

1. 判决确认被告逾期拒不向原告退还购买VIP卡之诚意金的行为属于违约行为，应承担违约责任。

2. 判决被告立即向原告归还购卡诚意金，5000元/人，并加算自逾期之日起相应的银行同期存款利率×××元，一并支付。

3. 判决被告赔偿原告因提起本次诉讼所花费的误工费、差旅费×××元。

4. 判决被告承担本诉讼的所有诉讼费用。

事实与理由：

2007年3月，原告为购买被告所开发的某甲商品房，陆续与被告签订了购买某甲商品房VIP卡的合同，合同约定原告向被告缴纳诚意金5000元，该合同第6条规定了退卡程序："如若您没有选中合适房号，又无意再继续购买本项目其他住房，可在公开认购后15天，来售楼部办理退卡手续，所交5000元诚意金免息退还。特此说明。"4月21日，某甲商品房开盘，之后原告打电话到被告售楼处询问退卡日期，被告辩称合同约定的是开盘日期的15天之后才会办理退卡。

我方认为，这是对合同文本的曲解，合同约定的是开盘后的15天之内被告必须向原告退还购房诚意金，理由如下：

(1) 合同约定的是"公开认购后15天"，而不是"15天之后"，而且作为合同附件的VIP卡卡面上印有"VIP纯金会员卡使用细则"，上面第5条明确写有"某甲商品房项目开盘15天内，会员如未在本项目成交(购买商品房)，可凭本卡和收款收据退会，所交5000元会员费免息退还"。当时购买此卡时，被告方的工作人员也明确表示"开盘后15天内可以退卡”。VIP卡作为购卡合同的附件，与合同具有同等法律效力。

(2) 本购卡合同之第6条“公开认购后15天”的规定可以有三种解释：第一，公开认购后的第1天至第15天内；第二，公开认购后的第15天当天；第三，公开认购后的第15天之后。购卡合同的名称为“某甲商品房VIP卡购卡需知”，是由被告提供的，属于格式合同。根据《中华人民共和国合同法》第41条的规定：“对格式条款的理解发生争议的，应当按照通常理解予以解释。对格式条款有两种以上解释的，应当作出不利于提供格式条款一方的解释。格式条款和非格式条款不一致的，应当采用非格式条款。”据此，可以推定购卡合同的第6条应采用第一种解释。开盘后原告曾有多人、多次与被告交涉，希望早日退卡，但被告无理推诿，拒不承诺退卡日期。

根据《中华人民共和国民事诉讼法》第108条的规定，特向法院提起民事诉讼。

证据：

(1) 购卡合同：《某甲商品房VIP卡购卡需知》。

(2) 合同附件：某甲商品房VIP纯金会员卡。

(3) 购卡现金收据。

此致

××中级人民法院

具状人：×××

200×年×月×日

请根据实验十一中的案例材料3，补白下述民事起诉状。

民事起诉状

原告：

被告：

诉讼请求：

事实与理由：

证据

尾部

附：

法定代表人身份证明书

同志在我单位任　　职务，是我单位的法定代表人。

特此证明。

单位：（公章）

年　月　日

二、管辖权异议申请书的制作

管辖权异议申请书的写作一般来说分为首部、正文、尾部三个部分：

环节一：首部

步骤1：标题。

首先应于文章首行正中写标题，即“管辖权异议申请书”或者“管辖权异议书”。

步骤2：写明当事人及其诉讼代理人的基本情况。写法与民事起诉状一样。

环节二：正文

步骤1：案由。如果是由被告或者第三人提出管辖权异议的，应当写明何时由何院受理了何种案件，何时通知异议人提出答辩。异议人在提出答辩的同时，提出对此案的管辖权异议。如果是由原告因不服受理法院移送管辖而提出管辖权异议的，应当写明该法院移送管辖的文号，请求事项可依据不同案情需要填写，一般格式如下：贵院对××一案不具有管辖权，应依法移送某某法院管辖。

步骤2：理由。主要阐明受诉人民法院对本案无管辖权，且应当移送管辖的理由。在法律实务中，提出管辖异议的不外乎以下几种情况：

(1) 提出职能管辖异议。这主要是对案件是否属于人民法院受理的范围以及是否属于民事诉讼范围提出的异议。比如原告的起诉涉及犯罪问题，且不属于法院管辖的自诉案件，需移交给有管辖权的公安机关或者监察机关受理；如果原告的起诉属于行政机关管辖的范围或者属于行政诉讼的范畴，被告也会提出管辖权异议。如果起诉需以仲裁为前置条件，被告也可能提出职能管辖异议。

(2) 提出级别管辖异议。根据民事诉讼法的规定，各级人民法院对于案件的受理范围都有一定的分工。有的地区规定：中级人民法院受理财产标的金额在一定金额以上的民事案件或者在本辖区具有重大影响的重大疑难案件，高级人民法院受理财产标的额在一定金额以上且在全省范围内具有重大影响的疑难案件。如果案件标的额和复杂程度均达到了中级人民法院或者高级人民法院的管辖权限，被告则有可能提出管辖权异议。

(3) 提出地域管辖异议。地域管辖异议绝大多数发生在合同纠纷和侵权纠纷案件中。被告在诉讼中提出地域管辖异议最为常见。合同纠纷案件的地域管辖，为合同约定履行地、合同实际履行地或者被告所在地。如果原告提出的是合同纠纷，被告一般会首先审查与原告有无协议管辖的书面约定，或者审查合同约定的履行地和实际履行地，然后从地域管辖的法律规定中判断受诉法院是否有管辖权。侵权案件的地域管辖，为侵权行为发生地、侵权结果发生地或者被告所在地。在侵权案件中，被告一般会审查原告选择的受诉法院是侵权行为发生地还是侵权结果发生地或者被告所在地。

范例1：

管辖权异议申请书

申请人（被告或者反诉　告）：姓名、性别、年龄、民族、籍贯、职业或者工作单位和职务、住所（或经常居住地）。（法人或者其他组织，写明其名称、地址、法定代表人或者主要负责人姓名、职务、电话；个体工商户，应写明其字号、业主姓名等身份事项。）

法定代理人：姓名、性别、年龄、民族、职业或者工作单位和职务、住所及与异议人的关系。

委托代理人：姓名、性别、年龄、民族、职业或者工作单位和职务、住所。（系律师的，只写明其姓名、工作单位和职务。）

申请人于　　年　　月　　日收到你院已受理原告（或反诉　告）（姓名或者名称）诉　　（案由）一案的应诉通知，现针对本案的事实提出管辖权异议，理由如下：

（具体理由）

基于上述事实，特此请求你院将本案依法移送管辖，交由　　人民法院审理。

请予准许。

此致

××人民法院

申请人：

年　　月　　日

范例 2：

人民法院民事裁定书

（　）民初字第　号

原告：（写明姓名或者名称等基本情况）

被告：（写明姓名或者名称等基本情况）

本院受理　　（写明当事人姓名或者名称和案由）一案后，被告在提交答辩状期间对管辖权提出异议，认为（写明异议的内容及理由）

经审查，本院认为，（写明异议成立或者异议不成立的根据和理由。）依照《中华人民共和国民事诉讼法》第 38 条的规定，裁定如下：

（异议成立的，按照如下格式写：）

被告　　对管辖权提出的异议成立，本案移送　　人民法院处理。

（异议不成立的，按照如下格式写：）

驳回被告对本案管辖权提出的异议。

如果不服本裁定，可在裁定书送达之日起 10 日内，向本院递交上诉状，并按对方当事人的人数提出副本，上诉于　　人民法院。

审判员：

年　　月　　日

本件与原件核对无异

书记员：

范例 3：

民事上诉状

上诉人（原审　告）：（写明姓名或者名称等基本情况）

被上诉人（原审　告）（写明姓名或者名称等基本情况）

上诉人因　　纠纷一案，不服　　民初字第　　号民事裁定书，特提出上诉。

上诉请求：

(1) 裁定原审法院对本案没有管辖权。

(2) 撤销原审裁定。

(3) 责令原审法院将本案移送到____人民法院审理。

上诉理由：……

综上所述，在双方当事人对管辖权没有约定或者约定不明的情况下，应由合同签订地或者履行地法院管辖。本案的合同签订地和履行地都在武汉市洪山区，故本案应由____人民法院管辖。某市区人民法院　　民初字第　号民事裁定书与事实不符，应予以纠正。现特提出上诉。恳请贵院依法裁决。

此致

××人民法院

上诉人：

年　　月　　日

请根据实验十一中的案例材料 2 写一份管辖权异议申请书，并起草一份管辖权异议民事裁定书以及针对该管辖权异议民事裁定书的民事上诉状。

三、财产保全申请书的制作

（一）诉前财产保全

诉前财产保全是指情况紧急，利害关系人不立即申请财产保全将会使自己的合法权益受到难以弥补的损害，在起诉前向人民法院申请采取财产保全时所制作的文书。申请诉前财产保全必须具备以下要件：

1. 将来提起的诉讼必须是给付之诉，即利害关系人之间的争议必须具有给付的内容。这样采取保全措施，才有可供执行的对象，诉讼保全才有意义。

2. 义务人有恶意行为或者其他原因，不采取保全措施，权利人的合法权益将不能或者难以得到保护。

3. 情况紧急，如在起诉后申请财产保全将会因义务人的恶意行为或者其他原因使权利人的合法权益遭受难以弥补的损失。

4. 权利人应当向有管辖权的人民法院提出申请，人民法院不得依职权主动采取诉前财产保全。

5. 申请人应当提供担保，不提供担保的，人民法院将裁定驳回其诉前财产保全申请。

6. 申请人必须在人民法院采取保全措施后15天内向该院起诉，不起诉的，人民法院应当解除财产保全措施。

（二）诉讼财产保全

诉讼财产保全，是指在诉讼过程中，法院为保证将来生效判决的顺利执行，对当事人的财产或者争议标的物依法采取的强制措施。申请诉讼财产保全必须满足以下几项要件：

1. 案件必须具有给付内容，即属于给付之诉。

2. 必须是由当事人一方的行为（比如出卖、转移、隐匿、毁损争议标的物等行为）或者其他行为（主要指与标的物本身性质有关的客观原因），使判决不能执行或者难以执行。

3. 必须在诉讼过程中提出申请。法院在必要时也可依职权裁定采取诉讼财产保全措施。

4. 申请人提供担保，但只有在法院责令提供担保时，申请人提供担保才成为必要条件。

（三）财产保全申请书的制作步骤

环节一：首部

步骤1：当事人的基本情况。具体内容与民事起诉状对当事人的要求一样。

步骤2：请求事项。一般用来写明需要法院依职权进行保全的财产内容。原则上，对于需要采取保全的财产即对象应当具体明确，但在法律实务中为了灵活方便，对保全对象的描述一般宜粗不宜细，只需对保全对象作一个大致的说明即可。例如“请求人民法院对××公司位于××地点的全部财产进行财产保全”、“请求人民法院对于××公司××万元的财物进行财产保全”。

在诉讼财产保全中，还应当说明纠纷的性质与起诉的时间，例如“申请人与被申请人因××合同纠纷一案，于××年××月××日向贵院提起诉讼在案，现贵院正在审理。根据民事诉讼法的有关规定，为保证判决得以执行，特申请贵院对××位于××地点的财产采取保全措施”。

环节二：正文

步骤1：申请保全的原因。财产保全的原因一般包括两个方面：一方面是双方发生纠纷的起因以及焦点，事实的描述主要是为了说明财产保全的背景；另一方面则需要说明需要保全的财务遭受可能发生的侵害，而且影响到申请人权利的实现，尤其是诉前财产保全还必须说明采取保全措施的必要性与紧迫性。

步骤2：申请保全的范围与措施。财产保全一般限于申请人请求的范围，即保全财产的价值与诉讼请求的数额基本一致，若保全的财产是特定物，还必须说明该物的特征，该物现在的所在地点以及现状等基本情况。法院对财产保全一般采取查封、扣押、冻结等措施，有时也采取其他方法。比如法院对被申请人的应得收益采取强制划拨的手段，限制其支取，并通知有关部门予以协助执行。被申请人的财产不能满足保全需要的，但对第三人享有到期债权的情形下，法院可以依申请人的申请裁定该第三人不得对被申请人清偿，该第三人要求偿付债务的，由法院提存财务或者价款。

环节三：尾部

步骤1：写明致送的法院。

步骤2：申请人签名或者盖章。

步骤3：相关的证明材料。

（四）常见错误分析

1. 没有分清诉前财产保全与诉讼财产保全的区别；

2. 对保全财产描述不当，要么过于抽象，要么过于具体，都不利于财产保全的执行；

3. 申请保全的措施采用不当；

4. 申请保全的原因说明不到位，往往导致财产保全申请被驳回。

范例：

财产保全申请书

申请人：深圳市AB有限公司

地　址：深圳市南山区××路××大厦三楼××房

电　话：0755-××××××××

被申请人：深圳市CD有限公司

地　　址：深圳市南山区××路×××号

电　　话：××××××××

申请人诉被申请人深圳市CD有限公司买卖合同纠纷一案，为了维护申请人的合法权益，确保本案的顺利审理和执行，根据《中华人民共和国民事诉讼法》第92条、第96条的规定，申请人特提出财产保全申请，请求查封、冻结被申请人价值人民币380000元的财产，申请人对上述申请愿意承担由此而引起的法律责任。

此致

深圳市南山区人民法院

申请人：

年　月　日

报申请人可供保全的财产有：

1. 中国银行深圳市南头支行××××账号存款；
2. 位于深圳市南山区A街××花园的房产
3. 捷达小轿车一辆

四、民事上诉状的制作

（一）民事上诉状的制作步骤

环节一：首部

步骤1：标题，应在文书的开头标明“民事上诉状”。

步骤2：当事人，当事人一般包括上诉人和被上诉人两方。上诉人可以是原审原告或者被告或者第三人；被上诉人则是上诉人认为责任承担不公平的对方当事人。在上诉人和被上诉人之后，一般都要注明其在原审中的诉讼地位，比如原审原告、原审被告、原审第三人等。上诉案件有诉讼代理人的，应分别在该当事人项下另起一行列项书写。上诉人、被上诉人、代理人的具体内容，与民事起诉状的要求相同。

民事上诉状的起头一般都比较固定化。其固定格式如下：上诉人××因××一案，不服××人民法院××××年××月××日××民初字第××号民事判决（或）裁定，现提出上诉。

环节二：上诉请求

上诉请求主要是针对一审判决而言的。上诉请求是上诉人请求二审法院撤销或者变更原裁判的具体要求。上诉请求应针对一审判决的错误内容及其错因，提请上一级人民法院撤销原判、发回重审或者予以改判（既包括全部改判也包括部分改判），上诉请求一般采取分项列举的办法，一个请求针对一项判决，不宜将多个请求在一项诉讼请求中夹杂。在制作上诉请求时一定要具有针对性与明确性，因为二审法院的审理范围一般都是以上诉人的上诉请求为审理范围的，并不对案件进行全面审理。因此，当事人要想自己的权益在二审程序中得到全面的维护，就必须慎重草拟上诉请求。

环节三：上诉理由

上诉理由是民事上诉状的核心和关键部分。上诉理由主要是针对一审判决中的事实认定和法律适用两个方面进行论证。如果上诉理由认为一审事实认定不清，一般都会要求发回重审，而对于法律适用错误或者程序违法的，一般都会要求二审法院直接改判。上诉理由中一般都存在论证的成分，尤其对原审裁判为什么存在错误进行分析论证，要做到有理有据，具体的论证方法一般采取驳论的论证方法。具体理由因案而异，但一般不外乎四种情况：第一，认为原审裁判认定事实不清（包括与案情实际有出入，证据不实或者不足）；第二，认为原审裁判适用法律不当（包括误解或者曲解法律）；第三，认为原审裁判违反法定诉讼程序（包括未按规定交给上诉人起诉状副本、未进行调解或者未进行法庭辩论、质证等）；第四，认为原审法院裁判不公。上诉理由一般都要将一些显而易见的错误放在开头，给二审法官一个良好的印象。

环节四：尾部

结尾部分与起诉状基本相同。附项中一般都要注明诉状副本的份数以及新证据的名称。

（二）应注意的问题

1. 在首部，当事人的称谓和在原审中的地位一定要标识清楚；

2. 承接首部与上诉请求、理由之间的程序化语言要熟练，不得出错；

3. 上诉请求和理由部分因案情不同，错误也就不一样，不得生搬硬套；
4. 上诉请求与上诉理由应相互呼应，不得分离甚至相互矛盾；
5. 上诉状中的上诉日期应在法定上诉期限内；
6. 上诉状的语言应当简明扼要，不要拖泥带水。

范例：

民事上诉状

上诉人：陈某，男，51 岁，汉族，个体户，现住××××

被上诉人：袁某，女，50 岁，汉族，农民，住所同上诉人；

被上诉人：某村村委员会　法定代表人：王某，系该村委员会主任

上诉人因不服××人民法院作出的（2005）　初字第　号民事判决书，现提出上诉。

上诉请求：

1. 依法撤销县人民法院（2005）××初字第××号民事判决书，依法改判；

2. 判令争议的房基地由上诉人享有使用权；

3. 由被上诉人依法承担一、二审的诉讼费用及其他一切支出。

事实和理由：

第一，一审法院认定事实存在错误，适用法律不当，应当予以纠正。

一审判决在第 6 页至第 7 页，认为原告之父××于××××年去世后，原告对此事多次找政府及土地部门解决，至今未能得到处理。上诉人认为一审法院对此事实的认定与事实不符，因为政府及土地部门从未解决过此事，也无相关证据予以证明，所以，一审法院对此作出的认定明显不妥。

第二，一审法院适用法律错误。

在一审的审理过程中，不难看出一个事实：一审原告出示的所谓“合同”是在 1984 年 4 月签订的，袁父是在 1992 年提起诉讼的，1995 年去世，2005 年袁某向人民法院提起诉讼，所以，无论从何时起计算诉讼时效，袁某向人民法院提起诉讼均已经超过了诉讼时效，一审原告不能举证证明诉讼时效有中止、中断的情况，所以，已经丧失了胜诉权，而县人民法院仍然以 1984 年 4 月的合同认定上诉人侵权，对上诉人关于诉讼时

效的抗辩未予以理会，明显有违诉讼时效的有关规定，请求中级人民法院依法纠正一审法院的错误判决。

第三，上诉人认为，被上诉人向人民法院提交的1984年4月签订的合同是明显伪造的。

在一审的审理过程中，在简易程序转为普通程序后，袁某才向法庭出示了其持有的1984年形成的合同书。在一审结束后，上诉人得知，此合同是被上诉人袁某在2005年初，为了提起诉讼而进行伪造的合同，并不是1984年4月形成的，所以，上诉人请求中级人民法院依法对此合同书的原件进行鉴定，鉴定此合同书形成的真正时间。

总之，上诉人认为，一审法院的判决在认定事实上及适用法律上均存在明显的错误，所以请求中级人民法院依法予以纠正，以维护上诉人的合法权益不受侵犯。

此致

某市中级人民法院

上诉人：

年　　月　　日

根据实验十一中的案例材料4，撰写一份民事上诉状。

五、调查收集证据申请书的制作

（一）调查收集证据申请书的制作步骤

环节一：首部

步骤1：在文书的中间部位书写“调查收集证据申请书”。

步骤2：注明申请的法院。

环节二：正文

步骤1：列明因哪一个案件需要申请调查收集证据。一般采用如下标准格式：你院受理的××与××纠纷一案，××因无法取得以下证据，根据最高人民法院《关于民事诉讼证据的若干规定》第3条第2款和第17条之规定，特申请你院给予调查收集。

步骤2：载明被调查人的姓名或者单位名称，住所地等基本情况。

步骤3：列明需要调查收集的证据内容。

步骤4：说明需要人民法院收集证据的原因以及事实。

环节三：尾部

在尾部注意要列明申请人以及申请日期。

（二）常见错误分析

1. 被调查人的情况介绍不清，导致调查无法进行。

2. 申请调查的理由不充分，导致被法院驳回申请。

3. 提出申请的日期超出法定期限，根据民事诉讼法的规定，证据调查申请书应在举证期限届满7日前向人民法院申请。

范例：

调查收集证据申请书

　　中级人民法院：

你院受理的　　　　与　　　　　纠纷一案，　　　　无法取得以下证据。根据最高人民法院《关于民事诉讼证据的若干规定》第3条第2款和第17条之规定，特申请你院给予调查收集。

证据1：

证据2：

证据3：

申请人（或代理人）：

年　　月　　日

六、鉴定申请书的制作

鉴定申请书的制作一般分为以下几个步骤：

环节一：首部

步骤1：在文书的中间写明“鉴定申请书”字样。

步骤2：写明申请的法院。

环节二：正文

步骤1：写清案由。

步骤2：写明对何种事项进行鉴定。

步骤3：写明鉴定机构。

环节三：尾部

步骤1：列明送至的法院。

步骤2：注明申请人。

范例：

鉴定申请书

××人民法院：

你院受理的申请人与××纠纷一案，申请人要求对××进行鉴定，申请人同意委托有鉴定资格的××进行鉴定。

此致

申请人：××

年　月　日

七、证据保全申请书的制作

环节一：首部

步骤1：在文书的中间部位写明“证据保全申请书”字样。

步骤2：写明申请的法院。

环节二：正文

步骤1：写清案由以及案件受理的时间。

步骤2：写明对何种证据要进行保全。

步骤3：写明要求证据保全的事实与理由。主要围绕该证据有灭失的可能性展开以及该证据对于案件事实的认定具有的重大意义。该证据目前的状态以及位置，正面临何种可能导致灭失的威胁或者以后将难以取得的危险。

步骤4：写明请求的目的。

环节三：尾部

步骤1：列明送至的法院。

步骤2：注明申请人。

范例：

证据保全申请书

××人民法院：

申请人与××因××一案，已于××年××月××日向你院提起诉讼。现因该案有关证据××即将灭失，特申请给予证据保全。

事实与理由：

请求目的：

此致

申请人：

年　　月　　日

八、不公开审理申请书的制作

环节一：首部

步骤1：在文书的中间部位写明“不公开审理申请书”字样。

步骤2：写明申请的法院。

环节二：正文

步骤1：写清案由。

步骤2：写明不公开审理的理由，主要包括涉及国家机密、商业秘密、未成年人保护等，以及在本案中如何关系到国家机密、商业秘密和未成年人保护这些因素。

步骤3：写明法律依据。

环节三：尾部

步骤1：列明送至的法院。

步骤2：注明申请人。

范例：

不公开审理申请书

××人民法院：

你院受理的　　　一案，我要求不公开审理，理由如下：……为此，根据《中华人民共和国民事诉讼法》第120条第2款的规定，特向你院提出不公开审理的申请，请予以审查批准。

此致

申请人：

年　月　日

九、一审民事判决书的制作

一审民事判决书是民事审判工作中至关重要的一个环节，它不仅要全面反映案件的事实情况，而且要针对案件的事实作出判断。根据《民事诉讼法》第138条的规定：判决书应当载明：（1）案由、诉讼请求、争议的事实和理由；（2）判决认定的事实、理由和适用的法律依据；（3）判决结果和诉讼费用的负担；（4）上诉期间和上诉的法院。判决书由审判人员、书记员署名，加盖人民法院印章。民事判决书同时还要反映诉辩式的审判过程。对诉方和被诉方的请求以及支持请求的主要事实、理由写清楚、写完整，既不能完全照搬起诉状和答辩状中的陈述，也不能完全按照自己的意思重新写。既不能过于简单，也不能内容重复、层次不清。注意起诉状中和答辩状中带有情绪化的语言不应反映到判决书中。对各方当事人所提供的证据也应该在判决书中予以列举。判决理由是判决书的灵魂与核心，反映了法官对争议案件的认识与态度，判决理由要做到说理论证透彻有力，尤其是要富有逻辑。

一审民事判决书的制作步骤如下：

环节一：首部

首部应当依次写明制作机关名称、文书名称、文书编号、诉讼参加人及其基本情况以及案件由来、审判组织和开庭审理过程等，以体现审判程序的合法性。

步骤1：标题。标题一般都要写清楚法院的名称，并且要用黑体字，字号一般都要比正文的大一些。

步骤2：文书编号。文书编号由年度和制作法院、案件性质、审判程序的代字以及案件的顺序号组成，年度应使用阿拉伯数字。例如：湖北省武汉市中级人民法院民一庭受理的2008年第5号民事案件，应写为（2008）武民初字第5号。

步骤3：诉讼参加人。诉讼参加人一般包括原告、被告、共同诉讼人、第三人、委托代理人或指定代理人。诉讼参加人不仅要按照原告、被告、第三人的顺序叙写，对于各自的委托代理人或者法定代理人也要依次写明姓名、性别、职业或者工作单位和住址。

步骤4：案件由来和审理经过。应当写明案件来源、案由、审判组织、审判方式和到庭参加诉讼的人以及审理经过等内容。具体可以表述为：……（写明当事人因何案由起诉），本院受理后，依法由××组成合议庭（或者由××审判员独任审判），公开（或不公开）开庭进行了审理，××（写明本案当事人及其诉讼代理人等）到庭参加诉讼。本案现已审理终结。

当事人本人未到庭参加诉讼的，应在判决书中写明：当事人××经本院合法传唤无正当理由拒不到庭。

环节二：事实部分①

事实部分应当写明当事人的诉讼请求、争议的事实和理由，法院认定的事实及证据。叙述事实的重点是写明经人民法院审理查明并认定的事实，一般分两部分来写：

步骤1：写清争议双方的诉讼主张。包括：（1）原告提出的具体诉讼请求和所根据的事实与理由；（2）被告答辩、代理人发表意见的主要内容；（3）第三人及其代理人的主要意见。当事人的诉讼请求以及争议的事实和理由，主要通过原告、被告和第三人的陈述来表达。其信息来源于原告的起诉状、被告的答辩状、第三人的答辩状以及法庭辩论阶段各方的最后陈述。民事判决书的事实部分主要是还原案件事实真相，写明各方的请求以及依据。这样做一是为了体现对各方当事人诉讼权利的尊重；同时也反映了民事案件不诉不理的原则，当事人在诉讼请求中没有要求的，被告、第三人也没有提出反诉的，法院一般不得超越请求的范围进行审理。二是为了集中反映当事人的真实意思表示，通过各方的请求以及事由，明确纠纷的焦点。同时在此部分将案件事实进行全面的揭示，为后文的判决部分埋下伏笔。在叙写事实部分时，既要做到全面，各部分相互联系，前后照应，同时也要文句简练，减少不必要的重复。如果当事人在诉讼过程中增加或者变更诉讼请求，或者提出反诉的，应当一并写明。注意在列举当事人的诉讼请求时，一定不要遗漏，有几个诉讼请求，就写几个诉讼请求；但也不是说将原告在起诉状中的诉讼请求一字不漏地照抄，这就要求我们要对其诉讼请求进行整理。但在整理诉讼请求的过程中，不得随意篡改或者删改当事人的诉讼请求，尽量做到客观反映当事人的诉讼主张。

---

① 参见黄勇主编：《商事法学实验教程》，北京大学出版社2008年版，第293～297页。

步骤2：写清人民法院经审理查明的事实。主要包括：（1）当事人之间的法律关系，发生何种法律关系，以及发生法律关系的时间、地点及法律关系的内容；（2）产生纠纷的原因、经过、情节和后果。法院认定的事实，必须是经过法庭审理查对属实的事实。叙述的方法一般应按照时间顺序，客观、全面、真实地反映案情，同时要抓住重点，详述主要情节和因果关系。这一部分应当力求在内容上公正、客观，避免明显倾向于哪一方当事人。

总之，法院审理查明的事实必须客观反映案件全貌，对与案件有关的事实不能遗漏。比如合同纠纷，应当写明当事人签订合同的原因、签订的时间、地点以及合同的内容，合同履行的情况，合同签订后发生的变化，产生纠纷的原因、经过和后果，以及当事人之间的合同变更情况。对于侵权纠纷，则应当写明侵权行为发生的时间、地点、侵权经过和情节以及侵权行为造成的后果等。对离婚案件，应当写明原告与被告之间的婚姻基础、结婚日期、婚后生育子女情况、婚后感情和主要纠纷情况以及财产状况（包括共同所有的财产以及分别所有的财产和共同债务状况），如果子女达到一定年龄，对于子女抚养问题还需要征求子女的意见。

环节三：判决部分

在判决部分，法院不仅要阐明法院对纠纷性质、当事人责任认定的逻辑依据，还要说明解决纠纷的看法和道理。说理要有针对性，要根据不同案件的具体情况，针对当事人的争执和诉讼请求，摆事实，讲道理，适用法律来分清责任，对合理的诉讼请求予以支持，对不合理的诉讼请求则不予支持。

环节四：判决结果

判决结果，是针对案件实体问题作出的处理决定。判决结果要明确、具体、完整。根据确认之诉、变更之诉、给付之诉的不同情况，正确地加以表述。对于确认之诉，要对确认的事实明确说明；对于给付之诉，则要对给付的标的物的名称、数量或者数额、给付时间以及给付方式予以明确；对于变更之诉，则要对由何种法律关系变为何种法律关系予以清晰描述。对于当事人的请求需要驳回的，可在最后一项中予以书写。

环节五：尾部

一审民事判决的尾部一般包括这样几个部分：

步骤1：诉讼费用的承担。诉讼费用是由法院根据《人民法院诉讼收费办法》第四章诉讼费用负担的有关规定来决定的。它不属于诉讼争议的问题，因此一般不列为判决结果的一部分，但诉讼费用的承担比例往往与当事人的责任大小密切相连，尽管诉讼费用的承担不是判决的一项内容，由于费用的分担直接关系到当事人责任的承担，所以诉讼费用的承担比例也往往成为上诉的对象。诉讼费用的承担一般在判决结果后另起一行写明。

步骤 2：当事人上诉权、上诉期限以及上诉审法院。这一部分一般为程序化的表达模式：如不服本判决，可于判决书送达之日起 15 日内，向本院递交上诉状，并按对方当事人的人数提出副本，交纳上诉案件受理费，上诉于××市××中/高级人民法院。如在上诉期满后 7 日内不交纳上诉案件受理费的，按自动撤回上诉处理。

步骤 3：审判人员署名。组成合议庭的，由合议庭成员审判长和审判员共同署名，独任审判的，由独任审判员署名。助理审判员参加合议庭或独任审判的，代理审判员署名。人民陪审员参加合议庭的，署人民陪审员。院长、庭长参加合议庭审理案件的，由院长、庭长担任审判长。

步骤 4：制作日期及院印。

步骤 5：本件与原本核对无异。

步骤 6：书记员署名。

范例：

××××人民法院民事判决书

（××××）×民初字第××号

原告：……（写明姓名或名称等基本情况）。

法定代表人（或代表人）：……（写明姓名和职务）。

法定代理人（或指定代理人）：……（写明姓名等基本情况）。

委托代理人：……（写明姓名等基本情况）。

被告：……（写明姓名或名称等基本情况）。

法定代表人（或代表人）：……（写明姓名和职务）。

法定代理人（或指定代理人）：……（写明姓名等基本情况）。

委托代理人：……（写明姓名等基本情况）。

第三人：……（写明姓名或名称等基本情况）。

法定代表人（或代表人）：……（写明姓名和职务）。

法定代理人（或指定代理人）：……（写明姓名等基本情况）。

委托代理人：……（写明姓名等基本情况）。

……（写明当事人的姓名或名称和案由）一案，本院受理后，依法组成合议庭（或依法由审判员×××独任审判），公开（或不公开）开庭进行了审理。……（写明本案当事人及其诉讼代理人等）到庭参加诉讼。本案现已审理终结。

原告×××诉称，……（概述原告提出的具体诉讼请求和所根据的事实与理由）。

被告×××辩称，……（概述被告答辩的主要内容）。

第三人×××述称，……（概述第三人的主要意见）。

经审理查明，……（写明法院认定的事实和证据）。

本院认为，……（写明判决的理由）。依照……（写明判决所依据的法律条款项）的规定，判决如下：

……（写明判决结果）。

……（写明诉讼费用的负担）。

如不服本判决，可在判决书送达之日起15日内，向本院递交上诉状，并按对方当事人的人数提出副本，上诉于××××人民法院。

审判长　×××

审判员　×××

审判员　×××

××××年××月××日

（院印）

本件与原本核对无异

书记员　×××

十、二审民事判决书的制作

二审民事判决是终审判决，是两审终审制度的主要表现形式，其制作有更高的要求。根据《中华人民共和国民事诉讼法》第153条的规定：第二审人民法院对上诉案件，经过审理，按照下列情形，分别处理：（1）原判决认定事实清楚，适用法律正确的，判决驳回上诉，维持原判决；（2）原判决适用法律错误的，依法改判；（3）原判决认定事实错误，或者原判决认定事实不清、证据不足，裁定撤销原判决，发回原审人民法院重审，或者查清事实后改判；（4）原判决违反法定程序，可能影响案件正确判决的，裁定撤销原判决，发回原审人民法院重审。在制作二审民事判决书时，应当体现上述要求。针对上诉人提出的问题从事实认定和法律适用两个方面进行阐述。在行文中，阐述理由亦需加强针对性和说服力，避免照抄原判理由，反对公式化的空洞语言。要围绕原判决是否正确，上诉是否有理进行具体的分析论证。原判正确，上诉无理的，要指出上诉请求的不当之处；原判不当，上诉有理的，应阐明原判决错在何处，上诉请求符合什么法律、法规或规定；原判决部分正确，或者上诉部分有理的，则要具体阐明原判决和上诉请求分别对在哪里，错在哪里。理由部分需要论述的内容较多的，可以分层次进行论证。在援引法律条款方面，维持原判的，只需援引《民事诉讼法》第153条第1款第1项；全部改判或者部分改判的，除了应当援引民事诉讼法的有关条款外，还应援引改判所依据的实体法的有关条款。

(一) 具体制作步骤

环节一：首部

步骤1：标题。标题应当将人民法院名称和文书种类分两行书写。标题中不必反映审级。不必在标题中指明是二审终审案件。

步骤2：编号。在标题右下方写编号，表述为“［年度］××民终字第××号”。

步骤3：诉讼参加人。提起上诉的当事人（包括原审原告、原审被告、原审第三人），称为“上诉人”，对方当事人称为“被上诉人”。双方当事人甚至第三人都提出上诉的，应并列为“上诉人”。在上诉人和被上诉人之后，要注明其在原审中的诉讼地位，即“原审原告”、“原审被告”、“原审第三人”。上诉案件当事人有诉讼代理人的，应分别在该当事人项下另起一行列项书写。上诉人、被上诉人、诉讼代理人的具体写法，与起诉状和一审民事判决书写法相同。

必要的共同诉讼人中的一人或者部分人提出上诉的，当事人的称谓要根据不同情况列明：该上诉若是对对方当事人之间权利义务的分担有意见但不涉及其他共同诉讼人利益的，则对方当事人为被上诉人，未上诉的同一方当事人依原审诉讼地位列明；该上诉若仅对共同诉讼人之间权利义务的分担有意见而不涉及对方当事人利益的，则未上诉的同一方当事人为被上诉人，对方当事人依原审诉讼地位列明；该上诉若是对双方当事人之间以及共同诉讼人之间权利义务的承担均有意见的，则未提出上诉的其他当事人均为被上诉人。

步骤4：案件由来与审理经过。案件由来的固定写法为：上诉人××因××（案由）一案，不服××人民法院（××××）××民初字第××号民事判决，向本院提出上诉。

根据《中华人民共和国民事诉讼法》第152条的规定，本院依法组成合议庭，公开（或不公开）开庭审理了本案。接着写当事人到庭参加诉讼的情况，比如××和××到庭参加诉讼，××和××未到庭，本案现已审理终结。若二审实行书面审理的，则可直接写成：本院依法组成合议庭审理了此案，现已审理终结。

环节二：事实部分

事实是二审维持原判或者改判的根据，书写时要体现出上诉审判的特点，重点针对上诉人提出的问题并结合第一审民事判决书认定的事实来进行叙述，同时适用相应的证据进行分析评断。主要应写明：（1）原审认定的当事人间争议的主要事实和判决结果。（2）上诉人提起上诉的请求和主要理由、被上诉人的主要答辩、第三人的意见。（3）二审法院经过审理所认定的事实和证据，对于与一审认定一致的，可以简写，但对于与一审有出入的，则必须详细加以阐释，尤其是与一审认定事实相反的，必须将论证的理由讲清楚。（4）二审必须针对上诉人的上诉请求逐个审查。在第二审民事判决书的制作中，应根据案件的不同情况采取不同的书写办法，大体上可以分为以下四种情形：（1）原判决认定的事实清楚，上诉人又无异议的，二审可以简叙；（2）原判决认定的主要事实错误或者部分事实有错误的，二审对改判认定的事实要详述，并运用证据，指出原判决认定事实的不足之处。（3）原判决认定的事实有遗漏的，二审应当加以补充叙述。（4）原判决认定的事实没有错误，但上诉人提出异议的，二审应把有异议的部分叙述清楚，并针对异议进行分析，指出异议不成立的理由。

环节三：理由部分

理由是判决的依据，二审的理由主要是根据二审所查明的事实，针对上诉请求分别阐释理由，对一审判决所认定的事实和所适用的法律是否正确作出结论，对上诉人的上诉理由能否成立、上诉请求是否应当予以支持分别进行论证，并写明所依据的实体法和程序法。一般二审理由有固定的行文格式："本院认为，……（二审查明的事实，针对上诉请求和理由，就原审判决认定事实和适用法律是否正确，上诉理由是否成立以及被上诉人的答辩是否有理），依照××××的规定，判决如下："。

环节四：判决结果

这一部分是二审民事判决的关键部分。它是对一审判决的最后确定。根据我国《民事诉讼法》第153条的规定，二审民事判决书经过审理，作出最终处理决定的，主要有以下几种情况：（1）驳回上诉，维持原判；（2）部分改判；（3）全部改判；（4）在维持原判的基础上，增加新的判决。按照《法院诉讼文书式样》的书写要求，对这四种不同的判决，在表述上可作如下写法：

（1）维持原判的，写明：“驳回上诉，维持原判”。

（2）全部改判的，写明：“①撤销××人民法院（××）××民初字第××号民事判决；②写明全部改判的内容”。

（3）部分改判的写明：“①维持××人民法院（××）××民初字第××号民事判决第××项；②撤销××人民法院（××）××民初字第××号民事判决第××项；③写明部分改判的内容。”

（4）维持原判，又有加判内容的，写明：“①维持××人民法院（××）××民初字第××号民事判决；②写明加判的内容”。

环节五：尾部

二审民事判决书的尾部与一审民事判决书的尾部略有不同，主要表现在：

1. 二审判决是终审判决，当事人再无上诉的权利，因而在诉讼费用负担的左下方应另起一行写明“本判决为终审判决”的字样。

2. 依照我国民事诉讼法关于“人民法院审理第二审民事案件，由审判员组成合议庭”的规定，第二审民事判决应当由审判员组成合议庭并署名，并不存在人民陪审员署名或者独任审判员的情况。

（二）二审民事判决书制作应注意的问题

1. 在制作二审民事判决书的首部时，一定要注明当事人在一审中的诉讼地位。在二审中需要增加第三人参加诉讼的，应当发回原审人民法院重审，而不能直接增加，否则就有损于上诉人的上诉权。

2. 对于一审认定的当事人之间争议的事实，不要照抄一审判决书中“经审查认为”的部分内容，而应该在不失去其原意的基础上进行概括。对一审判决主文的叙述要精练；判决项目较多的，可突出最主要的实体问题，其他项目内容可简述或者从略。但改判所涉及的实体问题必须叙述清楚。

3. 二审判决的理由部分，要针对上诉理由、原判依据、新证据进行说理分析，不管是维持，还是撤销或者改判，都必须进行充分的说理，不能相互脱节，更不能相互矛盾。

4. 改判的案件，判决结果的表述要规范。尤其是对于部分改判的，必须将维持的部分与改判的部分表述清楚。

十一、执行申请书的制作

当事人打官司就是为了实现自己的权利，在法律文书生效之后，义务人能够自动履行判决，权利人的权利才能真正实现。但现实中，往往需要借助于司法力量才能最终实现，执行申请书的制作就必不可少。《民事诉讼法》第215

条规定：申请执行的期间为2年。申请执行时效的中止、中断，适用法律有关诉讼时效中止、中断的规定。前款规定的期间，从法律文书规定履行期间的最后一日起计算；法律文书规定分期履行的，从规定的每次履行期间的最后一日起计算；法律文书未规定履行期间的，从法律文书生效之日起计算。所以，权利人在法律规定的时效内提出执行申请，能够有效地实现时效中断的法律效果。一般而言，申请强制执行的根据是发生法律效力的判决书、裁定书、调解书或者由法院签发的支付令以及具有强制执行力的公证文书等。

具体制作步骤如下：

环节一：首部

步骤1：在文书的正中写上标题“强制执行申请书”或者“执行申请书”。

步骤2：写明申请人的情况，申请人是自然人的，须写明姓名。

步骤3：写明被申请人的情况，尤其是被申请人的住所地要清楚明确。

环节二：请求事项

步骤1：在该部分要写清申请执行赖以存在的依据。

步骤2：如果申请执行的是该法律文书的部分事项，则须指明具体是哪一项。

环节三：事实与理由

步骤1：在该部分首先要详述据以执行的法律文书生效以后，被申请人拒不执行的情况。

步骤2：指出被申请人的财产状况，包括其收入情况以及对第三人的到期债券等，以说明其履行能力。

步骤3：如果有财产保全的，还必须说明财产保全的情况包括被保全财产的品名、数额、可供执行的财产状况。

环节四：尾部

步骤1：写明送至的法院。

步骤2：申请人落款以及申请日期。

步骤3：附件——执行依据。

范例①

执行申请书

申请人：中国银行××市××支行

① 范例来源于黄勇：《商事法学实验教程》，北京大学出版社2008年版，第287页。

地址：××市××区××路××号

法定代表人：胡××

被申请人：××省××技术投资咨询公司

地址：××市××区××路××号

法定代表人：王××

被申请人：××省××国际贸易公司

地址：××市××省××路××号

法定代表人：王××

请求事项：

请求依法按照（2001）××经初字第××号《民事调解书》之规定以被申请人的财产偿还所欠申请人5084920.00元人民币的债务。

事实与理由：

申请人与被申请人××省××国际贸易公司于1997年12月签订借款合同，被申请人××省××技术投资咨询公司同时与申请人签订抵押合同，愿意以合法所有的××区××路××房产为上述贷款的抵押担保物。因被申请人不能依合同按期偿还贷款本息，申请人依法提起诉讼并对其抵押房产予以保全。诉讼期间申请人与被申请人达成调解协议，××市中级人民法院2001年2月8日下达（2001）××经初字第23号《民事调解书》并已经生效。申请人与被申请人为了尽快依法了结此债务，均希望尽快进入执行程序，共同期望在法院的主持下达成执行和解协议，在法律程序保障下依法完成以担保房产转卖偿债之手续（详见被申请人说明）。根据相关法律，特向人民法院提出执行申请。

此致

××市中级人民法院

申请人：中国银行××市××支行

2001年×月×日